筑摩選書

佐々木 毅 編著
Sasaki Takeshi

民主政とポピュリズム

ヨーロッパ・アメリカ・日本の比較政治学

民主政とポピュリズム　目次

民主政とポピュリズム

はじめに

佐々木 毅

各国民主政が今までのように機能しなくなり、変調を来たし、その連鎖が拡がっていることは昨今の紛れもない事実です。それは今や無視できないレベルに達し、一国の内政のみならず国際関係もその横波をうけるようになりました。既存の政治エリートは事態を読み誤って厳しい批判に直面し、急速に影響力を失いつつあるように見えます。それはグローバル・ガバナンスや国際的リーダーシップにも影響し、他国の内政問題だとタカをくくっていられなくなりました。ギャラップの国際的指導力調査によれば、アメリカはトランプ政権発足わずか一年にして国際的リーダーの地位から転がり落ちたとのことです。それに代わって国際指導力でトップの地位にあると見なされるようになったのがドイツですが、そのドイツのメルケルが連立政権樹立のために四苦八苦し、政権運営の前途も予断を許さないという観測も少なくありません。そしてアメリカとＥＵが貿易をめぐって報復合戦をするというニュースまで飛び出す始末です。

こうした変調の元凶として名指されるのがポピュリズムです。私の学生時代はポピュリズムといえば、ラテン・アメリカの反エリートの大衆運動のことでしたが、現在のそれは世界で最も豊かであり、あるいは豊かであった地域で二一世紀に叢生した運動です。このいわゆるポピュリズムをどう理解すべきでしょうか。何が引き金になってそれは急速に台頭したのか。その持続性はどう見るべきか。いわゆるポピュリズムを大衆迎合主義と翻訳しているだけで分かったつもりになって済むのだろうか。民主政そのものが元々大衆迎合の側面をもっているとすれば、どのような民主政がポピュリズムに対抗する選択肢なのか。そして究極的な関心として、日本の政治はポピュリズムとどういう関係に立つのかということもあるでしょう。

ここでは何よりもまず各国の政党政治の分析を通して、現在の変調の背景と原因を探ることを課題にしています。昨年から今年にかけて多くの国で選挙があったこともあり、こうした課題に取り組む絶好の機会に恵まれているからです。当然、同時代的な比較にとっても格好の材料が眼前に揃っておりますし、読者が現在の民主政の実態を理解するための十分なヒントが与えられていると確信しています。

しかし考えれば考えるほど、この政治現象は複雑な相貌を持っています。最も基底的な要因として、政治と経済をめぐる構造問題が潜んでいます。煎じ詰めれば、それは四〇年前のサッチャー・レーガン革命に始まったグローバリゼーションが、どういう結果をもたらしたのかという大問題につながります。その探究は幾重にも重なった歴史の地層を辿ることになるのですが、民主政を歴史的に思い返すことは現在を理解する一つの補助線になり得るでしょう。また、制度論といえば大袈裟ですが、現在のユーロ圏各国は統一通貨を初め、日本とは全く異なった制度環境に置かれ、その制度環境が重要な争点の一つになっています。あるいわゆる極右のリーダーに、日本のジャーナリストがその政治目標を問い質したところ、「日本のようになることだ」（国境管理をし、自国通貨を持つこと）と返答されたというジョークを聞いたことがありますが、なかなかうまくできた話です。

また、今やどの国の政治も、情報環境の大きな変化にさらされていますが、しかし日本とアメリカとを比べれば分かるように、そのあり方は国ごとに違っていまして、決してある国で起こったことがほかの国ですぐ起こるというわけのものではありません。そういう意味での差異もありますが、情報環境が目まぐるしく変わっているということに変わりはなく、それが政治のあり方に大きな影響を与えていることも見逃せない事実です。

このようにポピュリズム現象を含む先進民主政を理解するためにはさまざまな補助線を引き、その複雑な相貌を捉える必要があります。現在の先進民主政を理解するための補助線を引く上でこの書がお役に立てれば、我々としては大変うれしいと思っております。

日本型議院内閣制統治研究会という、私を代表者とする科学研究費助成事業の研究グループでは、この数年日本を念頭に先進国の議会制の実態と変容を中心とした研究を進めてきています。そうこうしている間に、昨今の先進民主政の従来にない変動にあいついで出会うことになりました。これに対する内外の関心の大きさを考慮に入れる中で、これらに関する我々の研究なり分析なりを、学問の世界以外の方々とも情報・意見交換をする共通の場を作る試みをしたらどうだろうかということに思い至りました。各界とのネットワークを構築し、知の結集を図る活動をしている「日本アカデメイア」でも、たまたま「グローバリズムとデモクラシー」といった研究会が組織されていることもあり、「日本アカデメイア」のメンバーのご参加とご協力をもいただき、この共同討議を行う運びとなりました。

第I部

第1章　ポピュリズムの挑戦とEU

池本大輔

イギリスでは二〇一六年に行われた国民投票の結果、ＥＵから離脱することが決まりましたが、最近それ以外のＥＵ諸国の多くでもポピュリズム勢力への支持が拡大しています。そこで本章では、ＥＵの制度や政策と、加盟国におけるポピュリズム勢力の台頭との関係について考えたいと思います。もちろん、ポピュリズムの台頭自体は、トランプが大統領になったアメリカのように、ＥＵ諸国以外でもみられる現象です。さらに、一口にポピュリズム勢力といっても、その実態はＥＵ諸国の中でもまちまちであるため、十把一絡げに論じることはできないという見方もあります。

しかし、多くのＥＵ諸国の中で反移民をスローガンとするポピュリズム勢力が台頭し、そのほとんどがＥＵに対して懐疑的な姿勢をとっている以上、ポピュリズムの台頭とＥＵとの間には、なんらかの関係があると考えるほうが自然でしょう。そこで以下では、ポピュリズ

図 1-1

	ヴェルナー・ミュラー	ミュデ&カルトワッセル	水島
定義	反多元主義	反多元主義	反エリート
デモクラシーとの関係	民主主義と相容れない	非リベラルな民主主義	民主政治の活性化?

ムとは何か、そしてポピュリズムの原因について一般的にどのようなことが言われているのか簡単に整理した上で、なぜEUはポピュリズムの台頭を招きやすいのか、ポピュリズムがもたらした帰結とは何か、考えてみたいと思います。

1 ポピュリズムとは何か?

ポピュリズムとは何かを考えるにあたって、最近出版されたポピュリズムについての代表的な書籍三点を手掛かりにしましょう。図1-1は、①それぞれの本がポピュリズムをどう定義しているか、②ポピュリズムとデモクラシーの関係をどう位置づけているか、簡潔にまとめたものです。

まずは水島治郎の『ポピュリズムとは何か』(中公新書)ですが、この本ではポピュリズムは、エリートと人民の対立を軸とする政治運動として定義されています。それに対して、最近翻訳が出た、ミュラー——プリンストン大学の政治理論の教授です——の書いた『ポピュリズムとは何か』(岩波書店)では、単に反エリート運動というだけでは十分で政治理念として定義しています。ないとして、ポピュリズムを反多元主義的なイデオロギー、政治理念として定義しています。つまり、自分たちだけが人民を代表しているのであり、自分たちに反対する勢力は正当な存在ではない、あるいは真っ当な国民ではないと主張する勢力だけが、ポピュリストだというわけです。ミュデとカルトワッセルという二人の比較政治学者がオックスフォード大学出版局から出したポピュリズムの入門書 *Populism: A Very Short Introduction*（邦訳『ポピュリズム』白水社）でも、基本的にはミュラーと同じ立場がとられています。

ポピュリズムとデモクラシーとの関係についてはどうでしょうか。ミュデとカルトワッセルは、ポピュリズムには民主政治、特に政治参加を促進する側面があることを認めながらも、少数派の権利や権力分立のような自由主義的な要素を否定する、非リベラルな民主主義だと位置づけています。ミュラーの場合は、多元主義を民主主義の本質的な要素と考えますので、ポピュリズムは自由主義だけでなく、民主政治をも損ねるものだと主張しています。ミュラーはここで取り上げた三冊の中で、ポピュリズムに対して一番否定的な立場をとっていると言えるでしょう。それとは正反対なのが水島で、ポピュリズムがデモクラシーを損ねる面と活性化する面の両面があることを指摘した上で、後者により力点を置いているように思われます。ここには、理想的な民主政治の姿として、代議制や権力分立にもとづくリベラルデモクラシーよりも、参加民主主義に親近感を示す水島の立場が反映されています。

以下では、一番オーソドックスな立場であるミュデとカルトワッセルの定義に従って話を進めたいと思いますが、いずれにしてもポピュリズムとは何かという問題を考える際には、そもそも民主主義とは何かという問いが背後にあることは確認しておく価値があるでしょう。

2　ポピュリズムが台頭するのはなぜか？

次に、ポピュリズムの原因に移ります。ポピュリズムが台頭している原因については、大別して二つの見方が示されています。

一つ目は、経済的な不安や不平等に着目する議論です。世界銀行のエコノミストだったミラノヴィッチや、日本でも話題になったピケティは、過去三〇年間に進んだ経済のグローバル化のために、先進諸国の内部で貧富の格差が拡大したことを指摘しています。日本を代表するＥＵ研究者である遠藤乾や、ハーバード大学の政治経済学者ロドリックは、この貧富の格差の拡大こそポピュリズムが台頭する原因だという立場をとっています。言い換えれば、一九八〇年代以降、新自由主義の台頭によって経済政策が右寄りにシフトしたことが、ポピュリズムの台頭を招いたというわけです。

この見方に対する反論としては、ＥＵの中でもそれほど不平等ではない国、例えばスウェーデンのような国でも最近ポピュリズムが拡大しているといった指摘があります。さらに言えば、不平等を是正するための仕組みである福祉国家が、移民が福祉を食い物にしているという批判（福祉排外主義）を招き、反移民を掲げるポピュリズムの台頭につながっているとも言われています。つまり、福祉国家がむしろポピュリズムの台頭を促している面があるというわけです。

　ポピュリズムの原因に関する二番目の見方は、ポピュリズムの台頭について、それは社会の価値観の変化に対する文化的な反動だと指摘しています。どういうことかといいますと、一九七〇年代以降、学生運動の副産物として、個人の平等・自己決定・男女の平等・同性愛者の結婚の合法化・少数派の尊重を支持する動きが拡大しました。こうした個人の自由や多文化主義を重視する立場や、環境保護を重視する立場を、非物質主義的な価値観ということがあります。この非物質主義的な価値観の広まりに対する反発こそがポピュリズムを生んだというわけです。つまり、ポピュリズムというのは基本的には文化的な保守主義なのだという立場です。

図 1-2

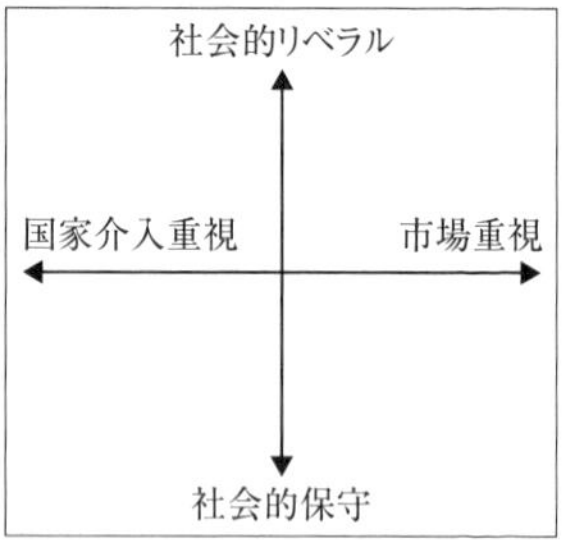

　このポピュリズムの原因に関する二つの説明は、最近の先進国の政治を特徴づける、二つの対立軸に対応しています（図1－2）。

　第一の対立軸は経済政策をめぐるもので、右側が市場を重視する立場、左側が国家による関与を重視する立場です。それに対して、縦軸は文化的な価値観に基づく対立軸をあらわしています。縦軸の上のほうが文化的にリベラルな立場、下のほうが保守的な立場です。比較政治学者はこの二つの軸のどちらが先進国の政治を説明する上で重要なのか議論してきました。ポピュリズムの原因をめぐる論争は、その延長線上に位置づけることができます。

それでは、誰がポピュリズムを支持しているのでしょうか。非常に粗い議論ではありますが、この二つの対立軸を組み合わせてできる四つの空間の中にさまざまな社会的・経済的なグループを入れると、大まかな見取り図を描くことができます（図1－3）。

左上の空間、つまり社会的・文化的にはリベラルで、経済問題では左寄りの立場をとるのは、大学教員や福祉・教育に携わる公務員などの文化的なエリート層が多いです。それに対して、左下の空間（社会的・文化的には保守的で、経済問題では左）に入るのが、一般的な労働者層です。それに対して、右下の空間（社会的・文化的には保守的で、経済問題では右）には、自営業者などのプチブルジョワジーが、右上（社会的・文化的にはリベラルで、経済的には右）には経済・金融エリートが入ります。

国によって様々な違いはありますが、一般的に言えば、右

図 1-3

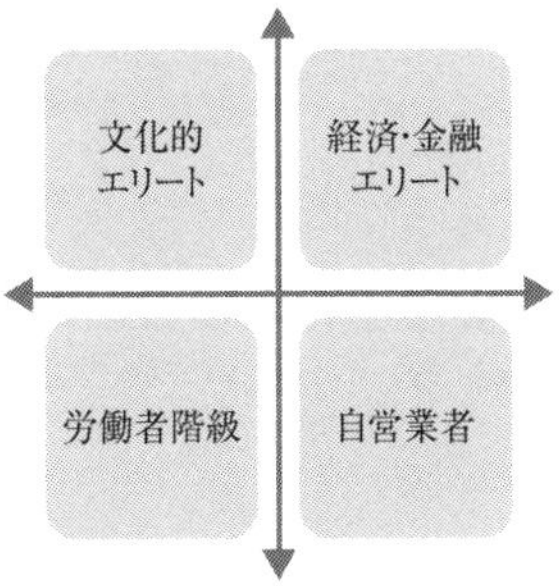

派ポピュリズムの主たる支持層は図の右下の自営業者層です。それに加えて、本来は左派政党を支持していたはずの労働者層の一部がポピュリズムに引きつけられる傾向が最近顕著になっています。このことは、イギリスのＥＵ離脱をめぐる国民投票にも、トランプが勝利したアメリカの大統領選挙にも当てはまります。

その背景には、一九九〇年代以降に左派政党が新自由主義を受け入れ右傾化したことに対して、労働者階級が不満を持つようになっていたという事情があります。労働者層の動員のためにポピュリズム勢力が使ったのが、文化的な保守主義という旗印でした。言い換えれば、ポピュリズムの台頭を理解する上では、社会の側に不満が溜まっている原因（ポピュリズムに対する需要）と、その不満がどう政治的に動員されているか（ポピュリズムの供給）とを区別した上で、両者に着目する必要があるわけです。最近では、ポピュリズムの原因を解明するために経済的な説明と社会的・文化的説明の二つを組み合わせる必要があることが指摘されるようになってきていますが、以上の議論はそれを裏付けるものです。

3　なぜＥＵはポピュリズムの挑戦にさらされやすいのか？

さて、それではここまでの議論を踏まえた上で、なぜＥＵはポピュリズムの挑戦を招きやすいのか、そしてヨーロッパにおけるポピュリズムが反ＥＵ（欧州懐疑主義）の姿勢をとるのはなぜか、考えていきたいと思います。

これには、ＥＵの政策と制度の二つの理由があると考えられます。政策面では、国境を越えた経済活動を可能にするような統合がめざましく進んでいます。例としては、単一市場の建設や単一通貨ユーロの創設が挙げられます。つまり、市場形成に関わる政策は非常に発展しているわけです。それに対して、市場の弊害を是正するような統合は後れを取っています。例えばＥＵには貧富の格差を是正するために豊かな地域から貧しい地域への再分配を行う政策があるのですが、現状では小規模なものに留まっています。ですから、ＥＵは経済政策の観点からは、左右の軸でいいますと、やや右寄りのプロジェクトということになります。それでは右派であればＥＵに満足なのかといいますと、そういうわけではありません。大企業は国境を越えた市場形成のメリットを享受できますが、零細な自営業者層にとっては競争が厳しくなるだけで、あまりいいことはないという不満が溜まっています。

社会的・文化的な側面からみると、ＥＵは人の自由移動を基本原則としていますから、各国は他の加盟国からの移民を制限することができません。さらに環境保護に非常に熱心に取り組んでいることからも分かるように、ＥＵは非常にリベラルな存在です。したがって、文化的に保守的な立場をとる層は、やはりＥＵに対して不満が溜まることになるわけです。

以上のようなＥＵの政策面での特徴を踏まえれば、一般的な労働者や自営業者の多くがＥ

Uに対して不満を持つのはそれほど不思議ではありません。ＥＵに対する見方がエリートと一般の人々の間で乖離しているために、ＥＵはエリートと人民を対置するポピュリズムの標的になりやすいのです。

ＥＵが政策面で抱える問題をより深刻にするのが、ＥＵの政治制度のあり方です。どういうことかと言いますと、ＥＵの大枠を定めるような意思決定は、現在でも基本的には、加盟国の政府間の妥協という形をとっています。そうしますと、現状維持バイアスが非常に強い仕組みであるため、ＥＵで一度決まったことを変えるのはそう簡単ではありません。さらに、欧州中央銀行に委任されている金融政策に典型的にみられるように、多くの決定は非民主的な機関に委ねられています。しかもＥＵのルールは、通常の国際法と異なって、非常に強い拘束力を持っています。ということは、ＥＵのルールは、イギリス・フランス・ドイツといった加盟各国の民主政治からみると、外的な拘束要因として働くことになります。

ＥＵを支持する各国の主要政党は、このようなＥＵの仕組みを受け入れているので、各国政治が既存の政治勢力によって左右されている限りにおいて、ＥＵで決められていること（例：人の自由移動）は政治的な論点から外れる形になります。既存の政治勢力間で政権交代が起きても、大きな違いをもたらしません。つまり、現在のＥＵの仕組みの下では、ＥＵの政策に不満を持つ層の支持は、ＥＵの基本的な枠組みに懐疑的なポピュリズム政党に流れやすくなっているのです。ポピュリズムがリベラルデモクラシーの中の権力抑制的な要素に否定的な立場をとっていることは既にみました。ＥＵもまた、加盟国の民意のストレートな実現を妨げる存在として槍玉に挙げられているわけです。冒頭で紹介したミュデとカルトワッセルによれば、ＥＵは非民主的な自由主義（undemocratic liberalism）であって、それに対して非自由主義的な民主主義（illiberal democracy）であるポピュリズムが挑戦する形になっているといいます。

4　ポピュリズムの成否をわけるもの

ヨーロッパ各国でポピュリズムが台頭していると言っても、その政治的成功の度合いは大きく異なっています。そこでポピュリズムの成功と失敗を左右する要因について考えてみましょう。

各国の政治情勢に関して、詳しくは他の章に譲りますが、現在のＥＵ各国の政治状況を概観しますと、ポピュリズム勢力だけで政権を獲得したり、国民投票で勝利したりできるほど、ポピュリズムが支持を集めている国はごく一部です。

そこで、ＥＵ離脱派が勝利したイギリスの国民投票と、決選投票でルペンがマクロンに負けたフランスの大統領選挙とを比較して、何が両者の結果を左右したか考えてみると、既成の政治勢力やエリート層がポピュリズム勢力に対してどういう姿勢をとったかが非常に重要なファクターであることがわかります。

イギリスでは既成政党である保守党の中に強固な欧州懐疑主義が存在しているという、他の加盟国にはほとんどみられない固有の事情があります。この既成の政治勢力内部の欧州懐疑派が、イギリス独立党というポピュリズム勢力と結託したことが、ＥＵからの離脱という衝撃的な結果を生んだのです。逆にフランスの大統領選挙では、極右の国民戦線のルペン党首が第一回投票では僅差の二位と健闘しました。しかし決選投票では他の政治勢力がマクロンの支持に回ったこともあって、支持を伸ばすことはできませんでした。

イギリス保守党の欧州懐疑派がなぜＥＵに不満を持つのかといいますと、ＥＵのさまざまな規制によって、労働者の権利や自然環境が手厚く保護されているのが気にくわないのです。このため、ＥＵから離脱することで、こういった規制を撤廃し、イギリスをもっとグローバル化させたいというのが彼らの考えです。とりわけ、グローバル金融危機の後で、ＥＵがその再発を防ぐため、銀行家のボーナスに上限を設けるなどして金融規制を強化したことが、イギリスの国際的金融センター、シティの国際競争力を損ねるものだという不満を強めました。

5　ポピュリズムの帰結

さて、最後にポピュリズムの帰結について話をしたいと思います。イギリスにおけるEU国民投票の帰結の一つは、EUの金融規制を強化する動きがシティに及びにくくなったことです。これは、保守党の欧州懐疑派にとってはしてやったりの結果だといえるでしょう。

それでは、大陸ヨーロッパの状況はどうでしょうか。各国のポピュリズム勢力の動きを見ますと、これまではユーロを主な攻撃対象としていました。ユーロ危機の震源地となった南欧諸国の中では、危機の対策として押しつけられた緊縮財政に不満が溜まっていましたし、北欧諸国の中では、南欧諸国を支援しなければならないことが非難の的になりました。しかし最近では、ポピュリズム勢力の標的は移民へとシフトする傾向にあります。ドイツのための選択（AfD）がその典型ですが、フランスの国民戦線も大統領選挙の敗北後、ユーロを標的にするのをやめる方向に向かっていますし、イタリアの五つ星運動もユーロに対する姿勢を軟化させています。

これは皮肉な事態です。どうしてかといいますと、そもそもポピュリズムへの支持が拡大した背景に、二〇〇七年以降の金融危機による世界経済の低迷と緊縮財政、さらにはユーロ危機があったのは、疑う余地がありません。にもかかわらず、グローバルな金融システムや、ロンドンのシティやニューヨークのウォール街の銀行家の責任を問う議論はいつの間にか立ち消えになって、イギリスの国民投票やアメリカの大統領選挙では、我々の抱えている問題はポーランドやメキシコからの移民のせいだという、外部に責任を転嫁する主張が、有権者の過半数の支持を得るに至ったわけです。

イギリスでは、左派のコービン率いる労働党が復調の動きを見せるなど、流れが変わる気配がないわけではありません。しかし全体的な傾向としては、経済のグローバル化に対する批判が強まる原因になった、グローバルな金融システムやユーロの問題点はほとんど手つかずのままにとどまっており、ポピュリズム勢力の台頭もそれを変えるには至っていません。その意味では、ポピュリズムが民主政治の活性化につながったとは言えないように思います。

【参考文献】

Beramendi, Pablo, Silja Häusermann, Herbert Kitschelt & Hanspetter Kriesi. 2015. The Politics of Advanced Capitalism. Oxford University Press.

Gidron, Noam and Peter Hall. 2017. "The Politics of Social Status: Economic and Cultural Roots of the Populist Right." British Journal of Sociology Vol. 51.

Inglehart, Ronald and Pippa Norris. 2016. "Trump, Brexit and the Rise of Populism: Economic Have-Nots and Cultural Backlash." HKS Faculty Working Paper Series.

池本大輔（２０１６）「BREXITの真相―露呈した英国政治の機能不全」『外交』四四号、六六－七二頁

ジェニファー・ウェルシュ（２０１７）『歴史の逆襲』朝日新聞出版

遠藤乾（２０１６）『欧州複合危機』中央公論新社
川出良枝、谷口将紀編（２０１２）『政治学』東京大学出版会
トマ・ピケティ（２０１４）『21世紀の資本』みすず書房
水島治郎（２０１６）『ポピュリズムとは何か』中央公論新社
ブランコ・ミラノビッチ『大不平等』みすず書房
カス・ミュデ、クリストバル・ロビラ・カルトワッセル（２０１８）『ポピュリズム』白水社
ヤン＝ウェルナー・ミュラー（２０１７）『ポピュリズムとは何か』岩波書店
ダニ・ロドリック（２０１３）『グローバリゼーション・パラドクス』白水社

第2章　ゆらぐドイツの大連立――メルケル政権の展望

安井　宏樹

二〇一七年九月にドイツで行われた総選挙では、メルケル首相率いるキリスト教民主・社会同盟（CDU／CSU）が議席を減らしつつも第一党になり、連立政権を目指しましたが、これがなかなかうまくいっていません。そもそも、どこが与党になるのかもまだはっきりとは決まっていない状況です。

「安定した政治」の代名詞のようなところがあったドイツで、なぜこのような事態になったのかを中心に話をしていければと思います。

まず、今回の選挙について、基本的なところから説明しますと、ドイツの首相には自由な解散権がありません。このため、今回の選挙も任期満了という形で行われました。日本のように、与党に有利なタイミングを見計らって解散をするということではなかったわけです。

それから、選挙の仕組みですが、小選挙区と比例代表の併用制となっています。この制度は、日本で使われている小選挙区比例代表並立制と名前が似ていますが、小選挙区での勝敗が選挙の大勢を決する並立制と違って、基本的に比例代表の選挙でして、全議席が各党に比例配分されます。併用制での小選挙区当選者というのは、それぞれの党に比例配分された議席の中で、誰が議員になるのかを決める際に、比例名簿に載っている候補者よりも優先されるというものでしかありません。比喩的な言い方をするなら、「名簿○位」を有権者に決めてもらう選挙です。ですから、小選挙区での勝敗は、個々の候補者にとっては大事な問題ですが、政党間の勢力関係には大きな影響を与えません。また、得票率が五％に届かない党は比例配分の対象にしないという小党排除の条項があります。

1　二大政党の敗北

次に選挙結果についてですが、今回のドイツ連邦議会選挙では、二〇一三年一二月に成立した第三次メルケル政権の与党が敗北を喫しました。この政権は、ドイツの二大政党である中道右派のＣＤＵ／ＣＳＵと、中道左派のドイツ社会民主党（ＳＰＤ）の大連立政権でしたので、二大政党が負け、野党だった小政党が伸びたということになります。そのことが端的に分かるのは、今回の選挙での得票率の増減を示した図２－１（グラフ）です。この大幅な下落の結果、ＳＰＤは得票率二〇・五％にとどまる戦後最悪の大敗北を喫し、かたやメルケ

図2-1

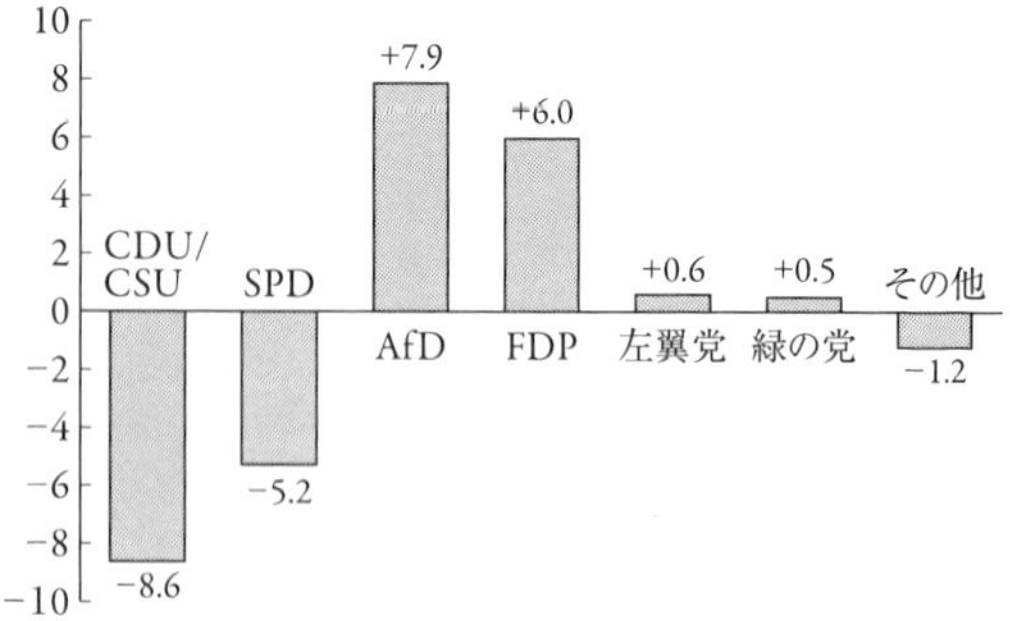

出典：ドイツ連邦選挙管理委員会ウェブサイトのデータより筆者作成

ル率いるＣＤＵ／ＣＳＵの得票率も三三・〇％と伸び悩み、戦後ワースト二位という結果でした。

ただ、過去の選挙結果を見渡しますと、今回の「大敗北」は、じつは前々回（二〇〇九年）の選挙結果とあまり変わらない水準です。二〇〇九年選挙でのＣＤＵ／ＣＳＵの得票率は三三・八％で、今回との差は〇・八ポイントしかありませんし、その時点ではやはり戦後ワースト二位でした。ＳＰＤの得票率も、二〇〇九年は二三・〇％。今回の結果よりは二・五ポイント良いですが、それでも当時は戦後最悪の敗北でした。

これら二つの選挙は、いずれも大連立政権が任期満了となった後の選挙である点で共通しています。大連立となったことで、本来であれば、ドイツの進むべき方向性をめぐって競い合うべき立場にある二大政党が、同じ方向を向いて走ってしまった。その結果、政治の場から、競争という要素が見えにくくなってしまった。そういう状態に対する有権者の反発が、今回と二〇〇九年の選挙での二大政党の敗北となって現れたと見ることができます。

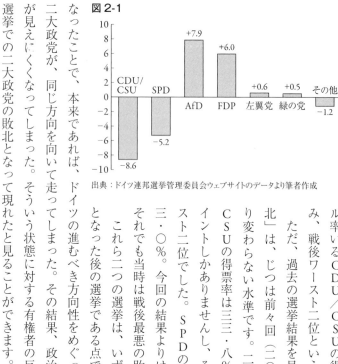

実際、今回の選挙でも、世論調査などから、そうした点についてのさまざまな反応を見て取ることができました。

たとえば、今回の選挙では、ＣＤＵのメルケル首相とＳＰＤのシュルツ党首が一騎打ちする形でのテレビ討論が行われましたが、このテレビ討論をドイツ語では「デュエル」と呼んでいます。この言葉は、日本語にすると「決闘」という意味でして、ガチンコ勝負の激しい闘いというニュアンスを持っているのですが、今回のテレビ討論は、メルケルとシュルツの双方が大連立政権の成果をとくとくと語るという流れが中心になりまして、よく言えば理性的でしたが、ガチンコ勝負という感じにはあまりなりませんでした。この点は、ドイツ人には物足りなかったようでして、メディアの解説記事では「これではデュエルになっていない、閣議だ」といったコメントも見られました。

また、シュルツは、過去二〇年、欧州議会で活動してきた人で、ドイツ国内の大連立政権には関与していませんでしたので、ＳＰＤをＣＤＵ／ＣＳＵと競争する方向へ変えていくシンボルとして担ぎ出されたという面がありました。そうした点への期待は世論調査にも現れていまして、彼がＳＰＤの首相候補になった後の一月から二月にかけての調査では、メルケルよりも支持率が高く出ていました。これが春ごろから失速していったのですが、そうなってしまった理由について意見を尋ねた世論調査を見てみますと、一番多かったのは「メルケルときちんと対決していないから」という意見でした。

2　二〇一三年選挙の特殊事情

さきほど、今回の選挙結果は前々回とほぼ同水準であったと指摘しましたが、裏を返すと、前回は二大政党が持ち直したということでもあります。ただ、それには前回選挙の特殊事情が作用していました。すなわち、前回の二〇一三年選挙は、経済自由主義の立場に立つ自由民主党（ＦＤＰ）に対して、有権者がお灸をすえた選挙だったのです。

このＦＤＰは、冷戦時代に西ドイツの外務大臣を一八年も務めてドイツ外交の顔となっていたゲンシャーがいた党でして、彼が引退した後、コール政権が敗れた一九九八年の選挙で野党に転落します。それ以降、一一年にわたって低迷し、政権から遠ざかっていましたが、前々回の二〇〇九年選挙で減税を公約に掲げて躍進し、戦後最高の得票率を獲得します。その結果、ＦＤＰとＣＤＵ／ＣＳＵの議席が過半数に達しましたので、中道右派の第二次メルケル政権が発足しました。

ところがＦＤＰでは、一一年にわたる野党暮らしの間に、政権についた経験のない若手政治家に代替わりしていました。そのことと、選挙で躍進した勢いとが重なって、政権復帰後のＦＤＰは、円滑な政権運営に必要となる妥協や協調を拒否して、自分たちが公約に掲げた

図 2-2

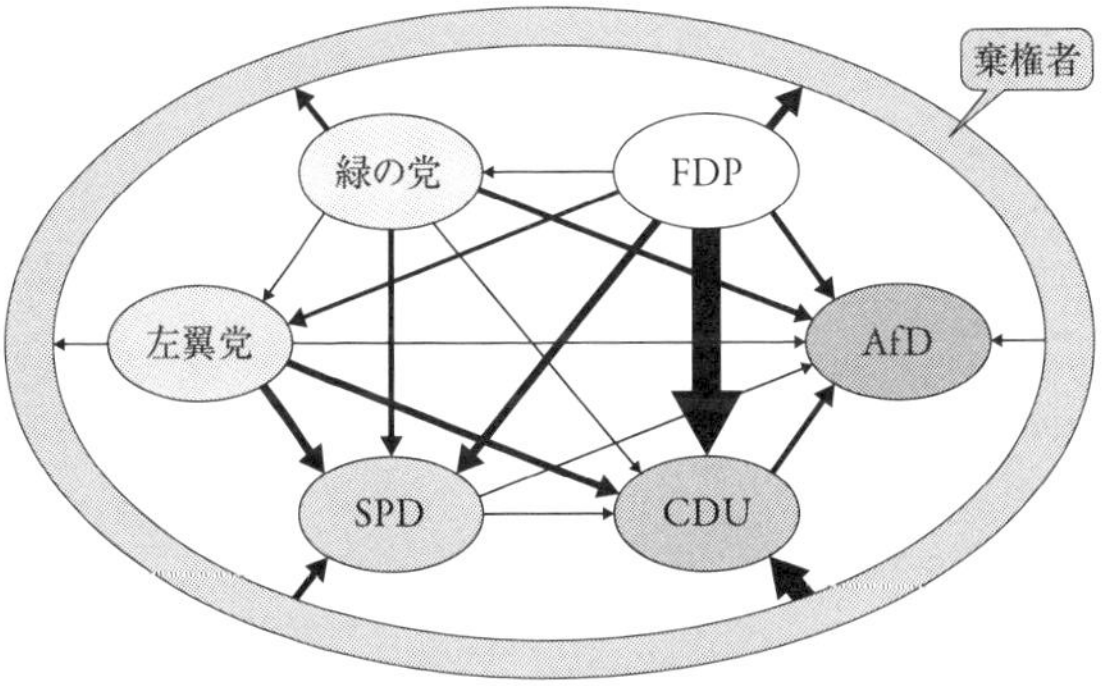

出典：ドイツ公共放送連盟・ドイツ連邦選挙管理委員会のウェブサイトのデータより筆者作成

減税の実施をしゃにむに通そうとしました。そして、ＣＤＵ／ＣＳＵ側が財政赤字につながるとして減税実施を渋ると、他の案件での協力を拒否いたしまして、第二次メルケル政権はかなりの混乱に陥ってしまいます。これがメディアから厳しく批判されまして、反対していれば済むと思うなんて野党病だといったことすら言われてしまう事態になりました。

このような形で政権担当能力への信頼を失ってしまったＦＤＰは、その次の二〇一三年選挙でお灸をすえられることになったわけです。図２－２は、この選挙での票の移動を示していますが、これを見ると、ＦＤＰからＣＤＵに太い矢印が伸びているのが見て取れます。それだけ多くの、絶対得票率で二・九％に相当する票がＣＤＵへ流れ込んだということでして、ＦＤＰは相対得票率五％を割って小党排除条項に引っかかり、すべての議席を失うことになります。二〇一三年の選挙には、そういった特殊事情がありました。

3　難民政策と新興右翼政党

ですので、その次に行われた二〇一七年の選挙には、その揺り戻しという側面もありました。二〇一七年選挙での票の移動を示した図2‐3を見ていただくと、今度はCDUからFDPに太い矢印が伸びているのが分かると思います。これは絶対得票率で二・二％に相当するボリュームでして、FDPは相対得票率を一〇・七％に戻して議席回復に成功しました。

図2-3

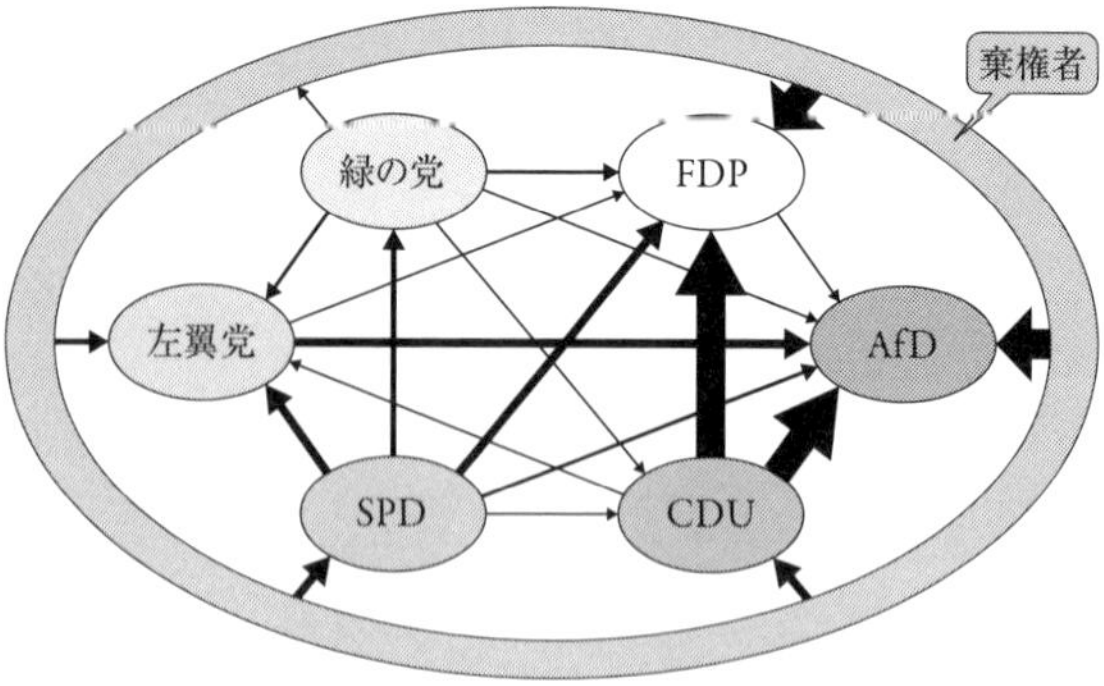

出典：ドイツ公共放送連盟・ドイツ連邦選挙管理委員会のウェブサイトのデータより筆者作成

ただ、今回の選挙では、こうした揺り戻しとは別に、CDU／CSUから「ドイツのための選択肢（AfD）」という新興右翼政党にも、票がかなり流出しました。その規模は、絶対得票率でいうと一・六％に相当しますが、この流出の原因と目されているのが、二〇一五年以降にメルケル首相が展開した難民政策です。

欧州での難民の問題は、二〇一五年の春から夏にかけて人道的な問題として大きな関心を集めるようになりまして、八月にメルケル首相が難民の受け入れを表明しました。その後、ドイツ国内でイスラム系の難民や移民にからむ暴力事件が発生したり、難民・移民に対する世論の風当たりが強くなったりしていきましたので、後から採点すると、このメルケル首相による難民受け入れ表明への評価は辛くなりがちなのですが、二〇一五年八月の時点での状況を考えますと、受け入れの方針にもそれなりの言い分がありました。

といいますのは、当時のドイツは他のユーロ圏諸国に対し、ユーロの価値に対する市場の信認を守るという理由で緊縮財政を強く求めていまして、ドイツから圧力を受けた周辺諸国では、景気浮揚のための財政出動を思うようには展開できなくなっていました。しかし、その裏でドイツは、ユーロの相場がドイツの国際競争力に比べると割安になっていたことを活用して、輸出を伸ばしていました。その結果、周辺諸国が景気低迷に苦しみ続けているのをしり目に、ドイツは景気回復をいち早く果たし、失業率も低水準となって、二〇一五年度は財政黒字への転換が確実視されていました。こうしたドイツの独り勝ちに対する反発が周辺諸国から出ていましたので、「欧州難民危機」と呼ばれるようになっていた難民問題に、黒字で潤っていたドイツが素知らぬふりを決め込むというのは、むしろ難しかったとすら言えるかもしれません。

このように、メルケルの難民受け入れという方針には、一定の根拠を見出すことができるのですが、難民流入の勢いが想定を超えたレベルであったために、収容にまつわるトラブルがドイツ各地で発生し、世論の評価も低下していきました。そうした批判が、反ＥＵ・反イスラム移民を掲げるＡｆＤへの票の流出を生み出します。

今回の選挙で世論調査機関 Infratest dimap が実施した出口調査によると、ＣＤＵ／ＣＳＵに投票した有権者は「メルケル首相の難民政策に満足していますか？」という質問に六六％が「満足」と答え、「不満」と答えた三四％を大きく上回っていますが、「旧ＣＤＵ／ＣＳＵ投票者」、すなわち、前の選挙ではＣＤＵ／ＣＳＵに入れたけれども、今回はやめたという有権者の回答を見ると、「満足」二八％に対して、「不満」が七一％。メルケル首相の難民政策に対する賛否が、ＣＤＵ／ＣＳＵに投票するかどうかに大きく影響した様子がうかがえます。そして、今回の選挙でＡｆＤに投票した有権者の回答を見ますと、「満足」〇％で「不満」一〇〇％という、ビックリするほど極端な数字が出ています。

このＡｆＤの支持基盤について少しお話ししておきますと、地理的にはドイツ東部の国境地域での支持が強まっています。その中でも、チェコやポーランドと国境を接しているザクセン州では、僅差ではありますが、メルケル首相のＣＤＵを上回る第一党になっています。社会的属性という観点から見ますと、主な支持層は、肉体労働者や失業者という境遇にある低学歴の中年男性であることが分かっています。

こうして、反ＥＵ・反イスラム移民を掲げるＡｆＤが二〇一七年の選挙で一二・六％の票を獲得しましたので、得票率五％という小党排除条項の壁を突破して、議席獲得に成功しました。

その結果、それまで長らく安定してきたドイツの連立政権作りの基礎を支えてきた政党配置の構造と、そこに働いている力学が大きく変わることになります。

4　ヴァイマール末期の再来？

どういう話かといいますと、以下、やや歴史のおさらいになりますが、戦前のヴァイマール共和政末期には、右のナチ党と左の共産党が両極から政府を攻撃し、その中間の部分でも、社会民主主義・カトリック・自由主義・保守主義等々の政党が乱立していました。このヴァイマール末期の議会政治の混乱の原因としては、小党乱立という政党の数の問題がよく指摘されますけれども、数が多かったとしても、政党間での協調がきちんとできて、連立政権が組めていれば政治はそれなりに動きます。ですから、より重要なことは、左右両極の反体制政党が中道的な諸勢力との協力を一切拒否して挟み撃ちにするという、政党間競争の質の問題であったと言えます。

それに対して、戦後の西ドイツでは、左右両極の反体制政党は抑え込まれ、中道の主要政

図2-4

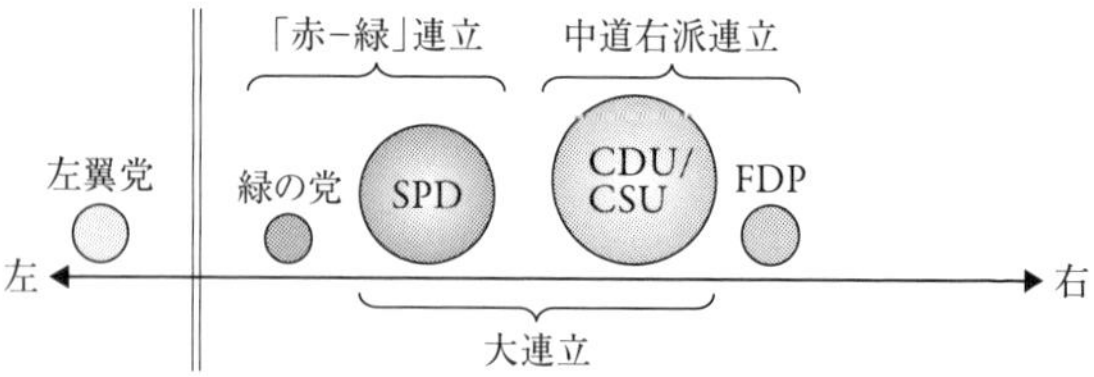

出典：筆者作成

党も、ＣＤＵ／ＣＳＵ、ＳＰＤ、ＦＤＰの三党に再編されてまとまっていました。一九八〇年代になると、環境政党の緑の党が連邦議会に参入し、東西ドイツ統一後には、東ドイツの支配政党であった社会主義統一党が名前を変えて入ってきて、左翼党へとなっていくなど、次第に多党化していきます。ですが、当初、東ドイツ独裁の負の印象をまとっていた旧共産党のこの勢力は小さなものでしたので、そこを排除した上で、政策的にも近いＣＤＵ／ＣＳＵとＦＤＰの中道右派で連立するか、あるいはＳＰＤと緑の党の「赤－緑」で連立するかのいずれかで、過半数が確保できていました。一九九八年選挙以降になると、左翼党が党勢を拡大してキャスティング・ボートを握れるようになりますが、それには二大政党による大連立で対応できていましたし、二〇〇九年選挙の時のように、中道右派が過半数をとれたこともありました（図２－４参照）。政党の数は増えつつありましたが、政党間競争の質は、割と穏健な形で保たれていたわけです。

ところが、二〇一七年選挙でＡｆＤが第三党に躍り出て、「ＣＤＵ／ＣＳＵの右」という位置に新規参入を果たした結果、構造的な条件が大きく変化します。政党数は、ＡｆＤの参

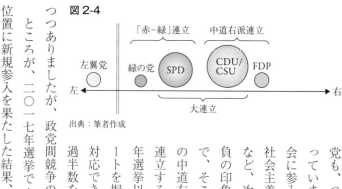

図 2-5

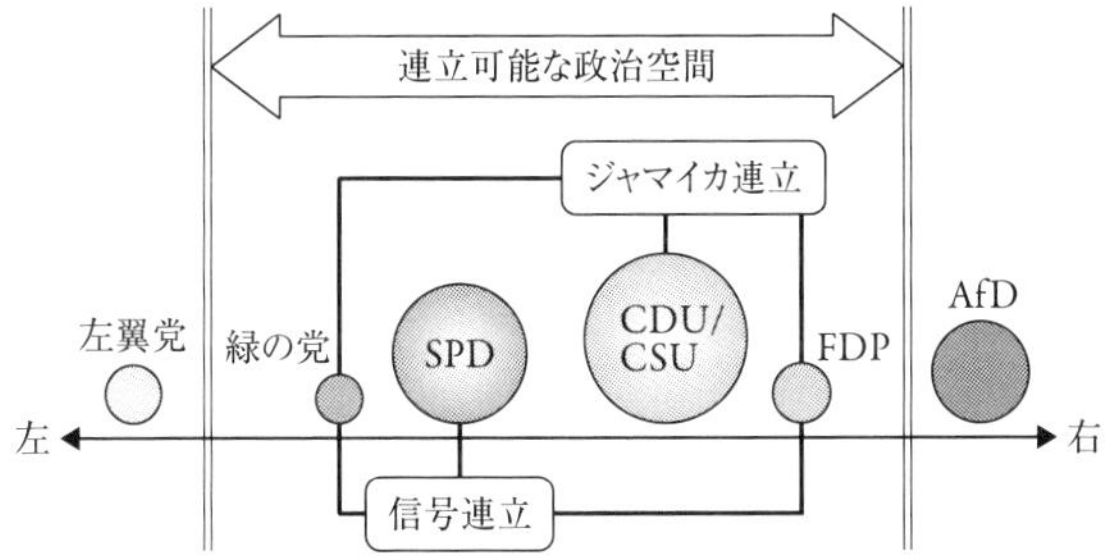

出典：筆者作成

入とＦＤＰの復帰によって、一気に六へと増えました。政党間競争の質の面では、新規参入してきたＡｆＤを既成政党が極右と位置づけて連立の可能性を全面的に否定しましたので、ＡｆＤは「右の反体制政党」という性格を帯びるようになりました。その結果、連立の可能性を否定された左右両極の勢力が、中道の諸勢力を挟み撃ちにする形が生み出されることになります（図２－５参照）。こうした構図は、ドイツ人にとって悪夢である、あのヴァイマール末期の再来と言えます。

もちろん、ＡｆＤはナチ党のような公然たる暴力行使を政治の手段としているわけではありませんので、単純な再現にはなりません。とはいえ、左右両極を排除することによって、連立可能な政治空間がかなり狭まりましたので、そのことが、政治の機能を損ねる可能性を増してしまっています。

5 「ジャマイカ連立」と「信号連立」

以下、その点についてお話しいたしますと、政治空間が狭まったなかで、全体の過半数に届くような規模の連立を組もうとすると、政策距離の比較的遠いところとも連立を組まなければならなくなります。図2－5のような政党配置の場合でいいますと、一つには、伝統的な中道右派の枠組みに緑の党を加えた「ジャマイカ連立」――これは三つの党それぞれのシンボルカラーを組み合わせると黒・黄・緑となって、ちょうどジャマイカの国旗と同じ色となることから、ドイツのメディアが名づけたものですが、その枠組みがあります。それからもう一つ、これまでの「赤・緑」の枠組みに、黄色がシンボルカラーのＦＤＰを加えた「信号連立」という枠組みもあります。

ただ、いずれも、政策距離が遠い政党による連立ですので、連立協定で合意できる中身はどうしても曖昧なものにならざるを得ません。また、連立政権発足後も連立与党内で足並みの乱れが生ずる機会がどうしても増えてしまいますので、政治の混乱が目につくようになりますし、政治家の側がそうした混乱を防ごうとして過剰な妥協に走ると、今度は「玉虫色の解決」が乱発されることになります。その結果、「決められない政治」・「はっきりしない政治」が出現するわけでして、政治に対する失望が、有権者の間に広まってしまうことになります。

今回の選挙の結果、第三党のＡｆＤを入れずに過半数がとれる連立の枠組みは、大連立かジャマイカ連立だけとなりました。ですが、第三次メルケル政権で大連立の一翼を担っていたＳＰＤが、投票日の夜に早々と下野を宣言します。これは、大連立に加わることで妥協を強いられ、党の独自性を発揮できず、それがために支持率が低下して選挙に負けたという批判が党内から出てきたことに押されての行動でした。

こうしたＳＰＤの苦境からは、大連立というものの難しさを見て取ることができます。すなわち、政権を円滑に運営するには連立与党間の協調が不可欠ですが、二大政党はいずれも、自前の政権を狙う立場にありますから、相手を批判し競争するということもやらなくてはなりません。ですので、二大政党による大連立は、連立与党としての協調と、二大政党としての競争という、相矛盾するベクトルの行動を両立させなければならないわけでして、本質的なところでの難しさを抱えています。ＣＤＵ／ＣＳＵも似たような矛盾に直面していますが、いわゆる「国民政党」としての度合いが弱いＳＰＤのほうが、そうした矛盾に対して脆弱であったと言えるでしょう。

今回は、ＳＰＤが早々と大連立を拒否したことで、選挙後の連立交渉は、ジャマイカ連立の枠組みで進めざるを得なくなりました。しかし、先ほどお話ししましたように、政策距離のある政党間での交渉はそう簡単ではありません。しかも、ＦＤＰも緑の党も野党でしたから、合意形成のための妥協を嫌うという、いわゆる野党病の傾向を強めていたことも、交渉が長引く要因となりました。最終的には一一月一九日夜、ＦＤＰが交渉を決裂させることになります。

こうしてジャマイカ連立の試みが失敗した後も、ＳＰＤは大連立に否定的な姿勢を示していましたが、それによって政治の空白が長期化することを懸念したＳＰＤ出身のシュタインマイアー大統領が組閣への努力を呼びかけまして、それに応える形でＳＰＤは方針転換を図るようになります。

ただ、大連立に対する党内の、とくに中堅以下の活動家党員層の反発には根強いものがありまして、一二月七日に始まった党大会では、交渉そのものは承認されたものの、「結果をオープンにした形での対話」と位置づけられました。つまり、「連立ありき」ではない形での「対話」であれば認める、というものだったわけです。

現在のところ、本格的な交渉は年明けから行うという線で動いていますが、そこでの暗黙の主目標は、言うまでもなく大連立をつくるということです。しかし、ＳＰＤ党内での反発が強いため、これまでの大連立の延長という話ではまとまらない可能性もあります。

一つには、党内の独自性低下論に押されたＳＰＤからの要求がつり上がって、交渉が難航することが懸念されます。また、仮にメルケルが妥協したとしても、ＳＰＤの側では、その交渉結果を全党員による投票によって承認しないといけないという足かせがありますので、仮に党首レベルで話がまとまったとしても、党員投票でひっくり返されるリスクがあります。

こうした事情がありますので、大連立は難しそうだとの見込みが強まった場合、メルケル率いるＣＤＵ／ＣＳＵに少数与党政権をつくらせて、それをＳＰＤが許容するという選択肢が浮上するかもしれません。しかし、この少数与党政権というものは、一九三〇年代初頭のヴァイマール末期を連想させますので、これに対する抵抗感がかなり出てくるのではないでしょうか。

そこで、もし、政権がつくれないということになれば、ドイツの憲法で認められている数少ない解散権発動の要件が満たされますので、解散総選挙になることもありえます。しかしその場合、どのような選挙結果になるのか、とくに既成政党にとって不安が残ります。場合によっては、今回の連立騒ぎにまったく関与していないＡｆＤが、さらに議席を増やすかもしれないという懸念があるわけです。

6　ナチスという呪縛

結論的に言えば、大連立という選択肢が「難しいかもしれないけれども、もっとも無難」ということになりそうですが、話はそれで終わりません。というのも、ＣＤＵ／ＣＳＵと

ＳＰＤが大連立を組む場合、今回の選挙で第三党に躍進したＡｆＤが野党第一党になってしまうからです。

ドイツの議会には、政府を追及すべき立場にある野党第一党に代表質問のトップバッターを任せるとか、予算委員長のポストを割り当てるといったような優遇措置を講ずる慣習があります。ですので、大連立が成立した場合、既成政党が極右呼ばわりしてきたＡｆＤが野党第一党としての特権を活かして議会で大活躍するということになりかねません。そうした事態は、ナチ党が議員特権をはじめとする議会政治の枠組みを利用して勢力を拡大していった過去の記憶をどうしても刺激してしまいます。今回、ジャマイカ連立の交渉を決裂させ、結果としてＡｆＤに野党第一党への道を開いてしまったＦＤＰのリントナー党首に対して、ドイツの主流メディアが苛烈な批判を加えましたが、その背景には、こういった事情がありま す。ドイツの主流メディアにとって、ナチスの過去という問題は、今なお大きな呪縛になっているわけです。

以上、お話ししてきましたように、メルケル政権の下で多党化が進み、左右両極からの政権参加を、既成の中道政党が拒否することによって、連立を形成する際に困難が伴うようになり、安定した将来展望を描きにくくなっているというのが現状だと言っていいでしょう。

【追記】 本稿を書き上げた後、二〇一八年一月から二月にかけて、大連立に向けての交渉が行われた。その結果、内政面でのＳＰＤの要求はＣＤＵ／ＣＳＵにかなり拒否されて割引かれる一方、欧州統合の領域ではＣＤＵ／ＣＳＵがＳＰＤに歩み寄る形で大連立政権樹立への合意が成立し、党首間で署名された。しかし、この大連立合意に対するＳＰＤ党内の反発は強く、予備交渉合意の是非が審議された一月二一日の臨時党大会では、承認票が五六・四％にとどまり、メディアでは「僅差の勝利」と報じられた。また、本交渉が最終合意に達した二月七日には、シュルツ党首が党の刷新を推進するという理由で党首辞任を表明したものの、大連立政権の外相に転じる意欲を口にしたことから批判を浴び、わずか二日後に外相には就任しないとの表明を余儀なくされた。ＳＰＤの全党員投票は三月四日に開票され、六六・〇％の賛成で承認されたが、二〇一三年選挙後の大連立政権参加に際して行われた同種の全党員投票では賛成票が七六・〇％に達していたことからすると、大連立への支持の低下は否めない。

第3章　ブレグジットとイギリス政治

阪野智一

「ブレグジットとイギリス政治」というタイトルですが、特にイギリスの国内政治、さらに言えば政党政治に焦点を当てて、お話ししたいと思います。

二〇一五年五月に総選挙が行われた後、二〇一六年六月にはＥＵ離脱・残留をめぐる国民投票が、さらにその一年後の二〇一七年六月には総選挙が実施されました。ほぼ一年ごとの間隔で、立て続けに選挙や投票が、イギリスでは行われたことになります。

しかも、ＥＵ国民投票では、大方の予想に反して、離脱派が勝利し、全世界に激震が走りました。二〇一七年の総選挙では、保守党が大勝するとの予想の下、どれくらい議席を伸ばすのか、その程度が焦点となっていました。しかし、選挙の結果、保守党は前回選挙から議席を減らしただけでなく、過半数を制した政党がない状態、すなわち宙づり議会（ハングパーラメント）が生じてしまいました。メイ首相の誤算というほかありません。しかも、第一次キャメロン政権が二〇一一年に成立させた固定任期議会法により、メイ政権は任期満了の二〇二〇年まで過半数を制した単独政権を維持することが本来可能でした。その点から、総選挙そのものが果たして必要だったのか疑問視する声もあります。

また、メイ政権は、今回の総選挙を「EU離脱交渉においてイギリスの立場を強化するための最善の方法」、つまり「ブレグジット選挙」と位置づけました。しかし、選挙戦において、ブレグジットはほとんど議論されず、争点とはなりませんでした。

このように二〇一七年総選挙は、その意味も必要性も必ずしも明確でない選挙でしたが、後で述べますように、年齢に基づく二大政党政治への転換をはじめ、重要な変化が起こっていることも見落とせません。その大義はともかく、いったん実施された選挙は、その時点での政治社会の問題状況を映し出します。大方の予想に反して、保守党が敗北したのはなぜなのか。前評判を覆す労働党の躍進はどのように説明されるのか。EU国民投票は、今回の選挙にどのような影響を与えているのか。こういった点を中心に、二〇一七年総選挙の水面下で、一体どのような変化が生じているのか、イギリス政党政治の変容の諸相について検討したいと思います。

1　二大政党政治への回帰

図 3-1　二大政党の占有率の推移

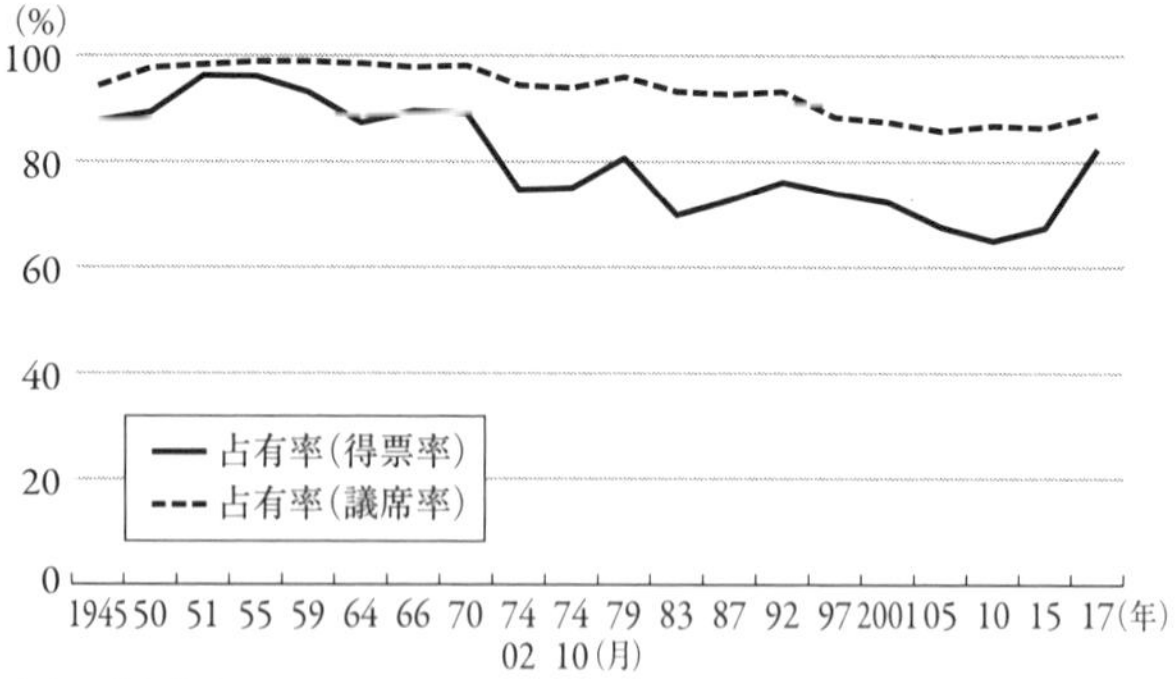

出典：筆者作成

まず投票率ですが、六八・七%で、前回の二〇一五年総選挙より二・五ポイント上昇しました。しかも、ブレア労働党が地滑り的勝利を収めた一九九七年総選挙以来、過去二〇年間において最も高い投票率となりました。特に、二〇一六年のEU国民投票においてEU残留を支持した地域、一八歳から二九歳までの若年層、そして大卒者が高い割合を占める地域ほど、前回の総選挙と比較して、投票率は上昇傾向にありました。EU離脱という国民投票の結果、それを踏まえてメイ政権が打ち出したハードブレグジット（移民規制を優先し、EU単一市場と関税同盟からも離脱）という方向性への不満が、こうした地域において投票率を押し上げた要因であると見てよいでしょう。

保守・労働の二大政党のどちらも過半数を制するには至りませんでした。にもかかわらず、今回の選挙の注目すべき特徴の一つは、二大政党政治への回帰です。

議席率で見る限り、小選挙区制の過少代表によって、保守・労働両党の数値を合わせた占有率は、二〇一〇年代に入っても九割近くを維持していました。政党の規模を考慮に入れた有効政党数も二から二・五の範囲内にとどまっていました。これに対して得票率で見ると、

図 3-2　有効政党数の推移

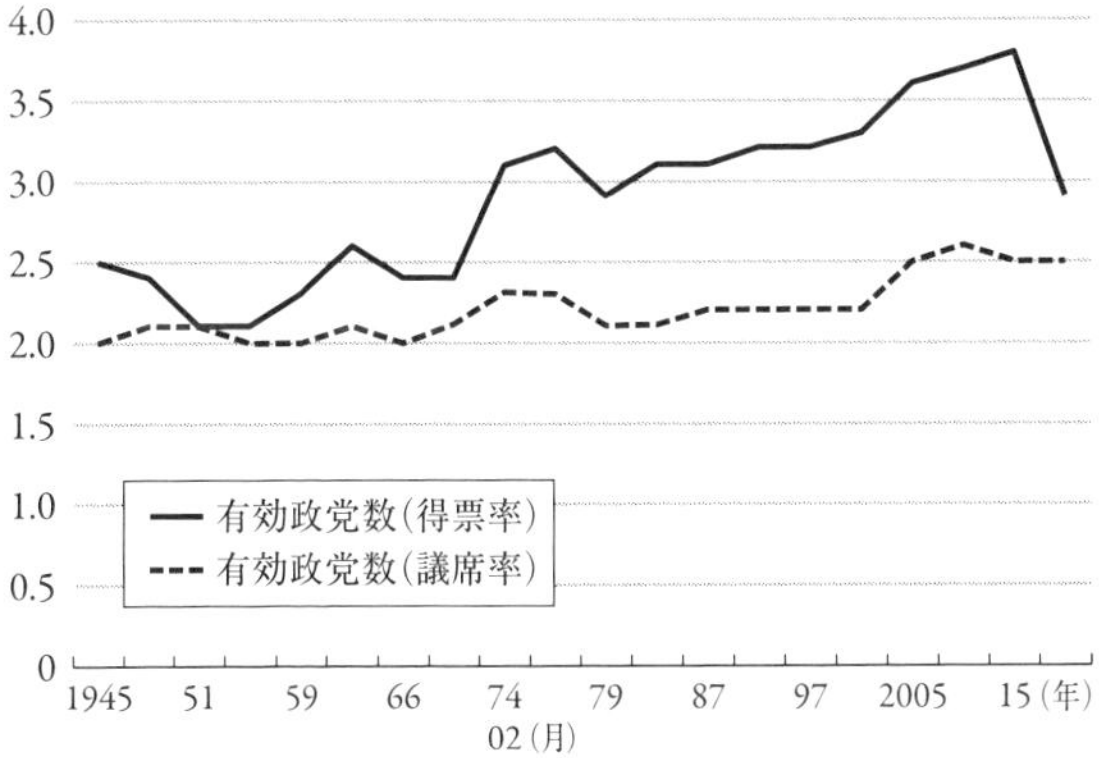

出典：筆者作成

保守・労働両党の占有率は、図3－1のグラフに示されますように、特に一九七四年以降急激に減少し、二〇一〇年には六五・一％にまで低下しています。有効政党数も一九七四年以降、上昇傾向にあり、二〇一五年には三・八にまで増大しました（図3－2参照）。得票率レベルで見る限り、イギリスの政党システムが多党化の傾向にあったことは間違いありません。

　しかし、今回の選挙では、議席率レベルだけでなく、得票率レベルにおいても、二大政党政治への回帰という結果になりました。得票率レベルでの保守・労働両党の占有率は八二・四％と、典型的な二大政党政治と言われた一九四〇～五〇年代

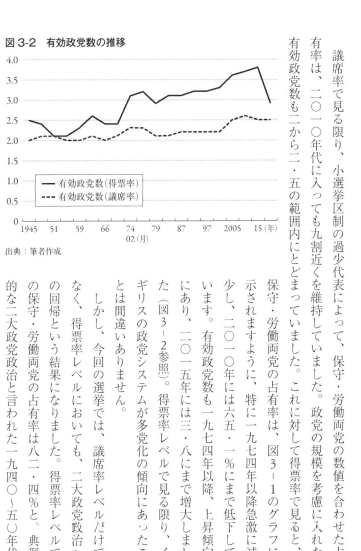

に匹敵する水準です。有効政党数も二・九に減少しました。ではなぜ、多党化という傾向から一転して、それに逆行する現象が起こったのでしょうか。

その理由は、保守・労働両党の得票率増大に加え、第三以下の政党の減退にありました。自由民主党は、八議席から一二議席へと議席数を増加させましたが、得票率では前回の七・九％から七・四％へと大きくは変わっていません。党勢の減退が顕著なのが、イギリス独立党（ＵＫＩＰ）とスコットランド国民党（ＳＮＰ）です。

二〇一四年五月に実施された欧州議会選挙で、国内第一党に躍進したＵＫＩＰは、二〇一五年総選挙でも一二・六％の得票率を獲得して、得票率で見た場合、第三党となりました。しかし、今回の選挙においてＵＫＩＰの得票率は一・八％と前回から一〇・八ポイントも落ち込み、一議席も獲得できませんでした。ＥＵ離脱という目標が達成されたことで、ＵＫＩＰはその存在意味を大きく失ったと解して間違いありません。単一争点型政党の衰退と言ってよいでしょう。

支持の変動を見てみますと、選挙後に実施されたアシュクロフト世論調査によりますと、前回総選挙でＵＫＩＰに投票した支持者のうち、今回もＵＫＩＰに投票したのは一一％にすぎず、五二％が保守党に、一四％が労働党に流れています。ＥＵ国民投票の結果を受けて、保守党がハードブレグジットを打ち出したことが、ＵＫＩＰ支持者の多くを保守党支持に鞍替えさせた主な要因であると見てよいでしょう。

では、ＳＮＰについてはどうであったのか。まず押さえておかなければならないのが、地域別に見た場合、スコットランドにおける投票率の低下です。前回総選挙におけるスコットランドの投票率は七一・〇％と、全国の中で最も高かった。しかし、今回は六六・四％と、前回から四・六ポイントも下がり、他の地域がすべて程度の差はあれ、投票率を上昇させているなかで、スコットランドは投票率が低下した唯一の地域となりました。そのことは、今回の総選挙がスコットランド有権者にとって、必ずしも関心の対象にはなっていなかったことを意味します。

こうしたなかでＳＮＰは、スコットランド五九議席のうち、前回の五六議席から三五議席へと二一議席も失いました。それに対して、スコットランド保守党は一三議席獲得し、一九九七年総選挙での獲得議席ゼロ、そして二〇〇一年総選挙以来ずっと続いていた獲得議席一という低迷状態から躍進しました。

なぜＳＮＰは、スコットランドで伸びなかったのでしょうか。スコットランド分離独立への賛否をめぐる世論調査の結果を見てみますと、ＥＵ国民投票後はほぼ一貫して反対のほうが優位にあります。特に二〇一七年の総選挙が近くなるほどその割合は増し、逆に賛成は低下しています。注目すべきは、総選挙でＳＮＰに投票した人のなかにも、ＥＵ国民投票で離脱に投票した人が二割強いることです。スコットランドの有権者全体で見ても、先の国民投票でＥＵ残留に投票した人が六二％、離脱に投票した人が三八％と分かれます。ＥＵ国民投票が、ＳＮＰ支持者、そしてスコットランドの有権者全体を二つのグループに引き裂いてしまった。そのことが、今回の選挙でのＳＮＰの敗退につながった大きな要因と言うことができます。

2　保守党の敗因

保守党に目を転じますと、前回より一三議席減の三一八議席という結果に終わりました。メイ首相は、過半数を獲得するという目標を掲げていましたから、実際には敗北ということになります。しかし、得票率レベルで見ますと、前回の二〇一五年の選挙時よりも五・五ポイント増やしています。四二・四％という得票率自体は、サッチャーが三選を果たし、全盛を誇っていた一九八〇年代の水準とほとんど遜色がありません。にもかかわらず議席を減らし、かつまた宙づり議会になったのはなぜなのか。

その理由は、一位と二位の得票差が一〇ポイント以内という接戦選挙区での保守党の敗北にあります。二〇一五年総選挙で保守党が制した五七接戦選挙区のうち、二一区を労働党に、四区を自民党に奪われています。得票率では頑張っているにもかかわらず、最後のところで労働党や自民党に議席を奪われたと言ってもよいかもしれません。

保守党の敗因について、さらに踏み込んで考えてみましょう。メイ首相が前倒し選挙に踏み切ったのには、ＥＵとの交渉を進めていく上で、権力基盤を強化したいという狙いがありました。そうした判断を妥当とする有利な条件が揃っていたことも事実です。

二〇一七年三月のコープランド選挙区での下院補欠選挙では、保守党は一九三五年以来労働党が保持してきた議席を獲得するという「歴史的勝利」を収めました。また、総選挙の前哨戦とも言える五月の地方議会選挙でも、労働党とＵＫＩＰが大敗を喫する中、保守党は全体で五六三議席増と圧勝しました。さらに、一連の世論調査においても、メイの首相就任以降、保守党の支持率は増大傾向にあり、労働党との差は二〇ポイント以上に拡大していました。

ところが、五月一八日に保守党がマニフェストを公表してから、保守党支持率が急落します。その理由は、大きく分けて政策内容面と政治スタイル面にあります。

まず政策内容面から言いますと、社会保障政策、特に高齢者介護政策について世論の猛烈な反発を受けました。保守党のマニフェストは、在宅介護の自己負担が免除される保有資産額の上限を従来の二万三〇〇〇ポンドから一〇万ポンドに引き上げました。これ自体は好ましい改革と言えるでしょう。しかし、資産額の算定に持ち家を含めるとしたのです。しかも、従来の与党案は、生涯の自己負担額を一律七万二〇〇〇ポンドとするという上限を設けていましたが、それも廃棄すると宣言しました。この改革案では、在宅介護の負担費用を捻出するために、高齢者の大半が自宅を売却しなければなりません。そのためこの見直し案は、メディアから「認知症税」と揶揄されることになりました。

世論の猛烈な反発を受け、メイ首相はマニフェスト公表から四日後、自己負担額の上限撤廃案を急遽撤回しました。メイ首相は二〇二〇年の任期満了まで総選挙はしないと繰り返し主張していました。しかしその前言を翻し、前倒し選挙に踏み切ったわけです。そのことも含め、この異例の方針転換は、メイの「Uターン」として、政治スタイルの点からも批判されることになりました。

政治の人格化と言われますように、党首評価は投票行動を規定する重要な要因です。高齢者介護政策をめぐるメイ首相の「Uターン」は、「強い、安定したリーダーシップ」という自身が打ち出したイメージに大きな疑問を抱かせることになりました。メディアから「メイボット」（Maybot：May+robot）と揶揄されますように、メイ首相はロボットのようにかたく、人間味に欠けると非難されることが少なくありません。メイ首相は党首テレビ討論に欠席しましたが、そのこともこうした印象をさらに強めることになりました。

実際、マニフェストの公表を境に、最良の首相候補という点でメイの評価が低下していきます。図３－３のグラフは、「メイ、コービンのどちらが最良の首相となると思いますか」というYouGovの世論調査の結果の推移を示しています。選挙開始前には、三〇ポイント以上もあった両者の差が、投票時にはほぼゼロに等しいレベルにまで縮まっていました。

図 3-3　首相としての最適任者

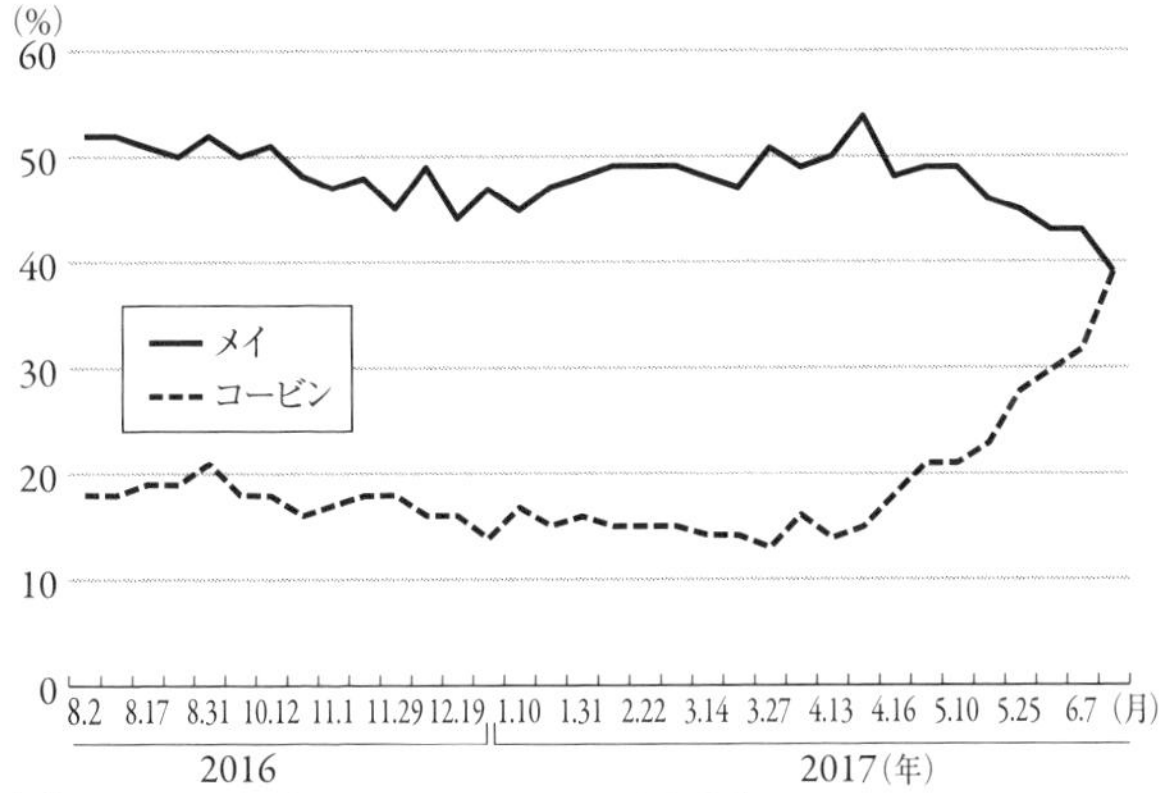

出典：YouGov Tracker, Best Prime Ministerより作成

3　労働党が躍進した理由

一方、労働党は、歴史的大敗との前評判を覆し、前回選挙から三〇議席増の二六二議席を獲得しました。しかも、ブレア労働党が地滑り的勝利を収めた一九九七年総選挙での八・八ポイント増をも上回る、九・六ポイント増という前例のない得票率の増大を記録しました。

労働党が躍進した最大の要因は、若者の投票率の上昇にあります。earthquakeになぞらえて"youthquake"と言われるほどです。

年齢ごとの投票率に関する公式データがありま

せんので、調査機関によって数値に開きがあります。Ipsos MORI のデータで言いますと、EU国民投票の際は、一八歳から二四歳は五三％、これに対して今回の選挙では五四％。また、二五歳から三四歳までの場合も、五三％に対して五四％と、あまり違いがありません。しかし、二〇一五年の総選挙と比べると、それぞれ三八％から五四％へ、四七％から五五％へとかなり伸びています。スカイネットという世論調査によれば、EU国民投票のときに一八歳から二四歳の投票率は三六％ぐらいでした。その結果、EU離脱という、若者にとって不本意な結果に終わってしまったことへの反省が生まれ、二〇一七年の総選挙では多くの若者が投票所へ足を運びました。

近年、イギリスでは他の先進諸国と異なり、投票率の上昇や、入党者の増大など、選挙や政党といった伝統的な形態での若者の政治参加の拡大が目立ちます。その最大の恩恵を受けているのが、コービン労働党です。労働党の党首選出手続きが二〇一四年に改正され、一人一票制と三ポンド支払うことによって党首選の投票権が獲得できる登録支持者制度が導入されました。若者はこの制度を利用して、二〇一五年、二〇一六年の労働党党首選に参加し、コービン党首選出、再選の原動力となりました。そして、今回、投票所に足を運んだ若者の三分の二近くがコービン労働党に投票したわけです。

若者の労働党支持が増大した理由は、労働党のマニフェストにあります。大学授業料の無料化やゼロ時間契約（週当たりの労働時間が決まっておらず、その時々に雇用主が求めた時間だけ働く雇用契約。勤務が「ゼロ時間」となる可能性もあり、待機時間には賃金は支払われない）の廃止等を訴え、反緊縮を明確に打ち出したこと、さらに社会的少数派・弱者の権利擁護と支援を訴える社会的にリベラルな姿勢が、コービン労働党が若者の支持を引きつけた要因であると言ってよいでしょう。しかし、それだけにとどまりません。

選挙キャンペーンの手法として、労働党がソーシャルメディアを巧みに活用したこともその理由として挙げられます。「モメンタム」という、もともと二〇一五年の労働党党首選でコービンを支援するために結成された草の根キャンペーン組織が中心になって、労働党はソーシャルメディア戦略を積極的に展開しました。労働党は、フェイスブックやツイッター、オンラインビデオなどを活用して、党の政策やメッセージを伝えます。こうしたメッセージや情報がソーシャルメディアで相互に共有され、若者の間に拡散していきました。実際、政党に関するツイート件数を調べた分析によりますと、労働党に関するツイート件数の占める割合は、全体の六一・九％と、保守党の一六・九％をはじめ他党のツイート件数に比べて圧倒的に多い。「労働党はソーシャルメディア選挙に勝利した」と言われるのも頷けます。

さらに労働党躍進の要因として挙げられるのが、コービン効果です。選挙戦の開始とともにメディアの注目を集め、人間味、誠実さ、反エリートといった点で、コービンへの支持が

図 3-4　離脱派・残留派の政党支持

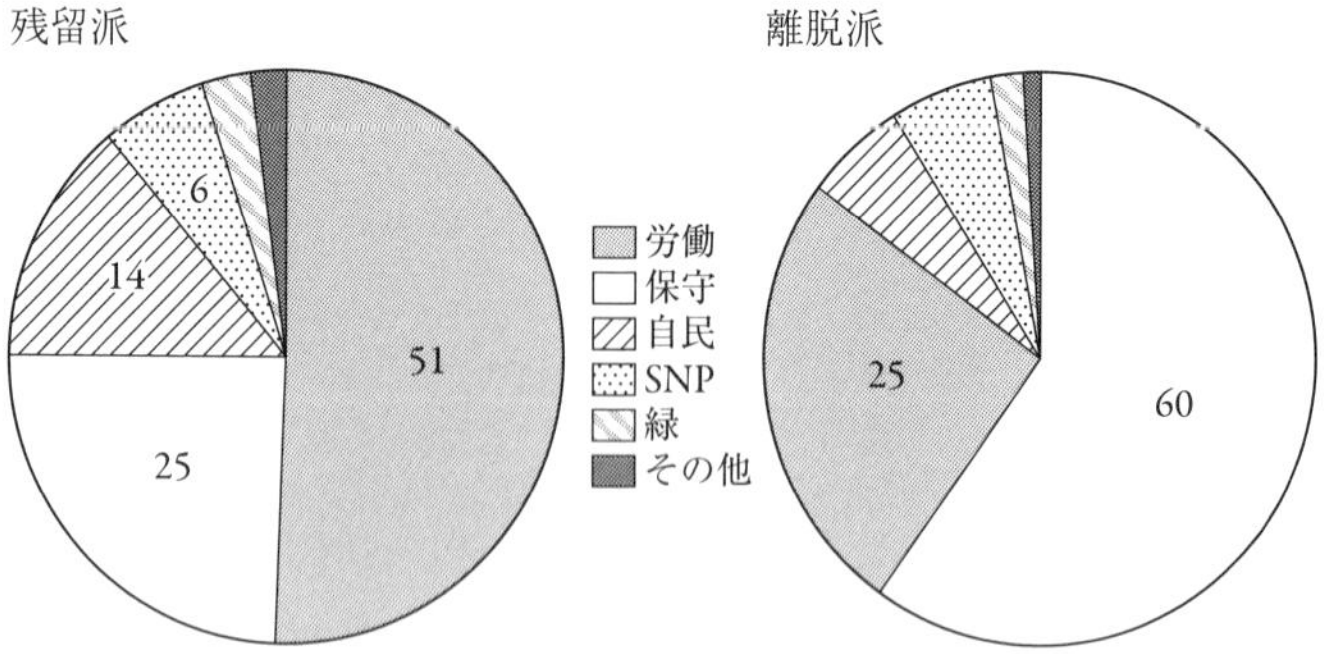

出典：Lord Ashcroft Polls, 9 June 2017 より作成

急激に上昇していきます。そのことは、先に挙げた図3－3の最良の首相候補者に関する世論調査の結果にも如実に示されています。こうしたコービンへの支持増大は、労働党支持率を押し上げる効果をもちました。

4　ブレグジットはどう影響したか？

ではEU国民投票の結果は、今回の選挙にどのような影響を与えたのでしょうか。アシュクロフト世論調査の結果をもとに、EU離脱・残留への支持が、今回の選挙における政党支持にどう影響しているのか見てみましょう。

図3－4からは、離脱支持派の六〇％が保守党に、二五％が労働党に投票していることが分かります。他方、残留支持派では、労働党への投票が五一％を占めるとはいえ、二五％が保守党に、そして一四％が自民党に投票しています。離脱支持派以上に支持政党が分

散しているとも言えるでしょう。
　さらに図3－5は、各政党支持者のなかでの離脱支持派・残留支持派の占める割合を示したものです。今回の選挙で保守党に投票した者のうち、六八％が離脱支持派であるのに対して、労働党投票者では、残留支持派が六四％、自民党では、残留支持派は八割近くを占めています。ＳＮＰ投票者のなかにも離脱支持派が二一％いることに、注目してよいでしょう。

図 3-5　各政党支持者のなかで離脱派・残留派の占める割合

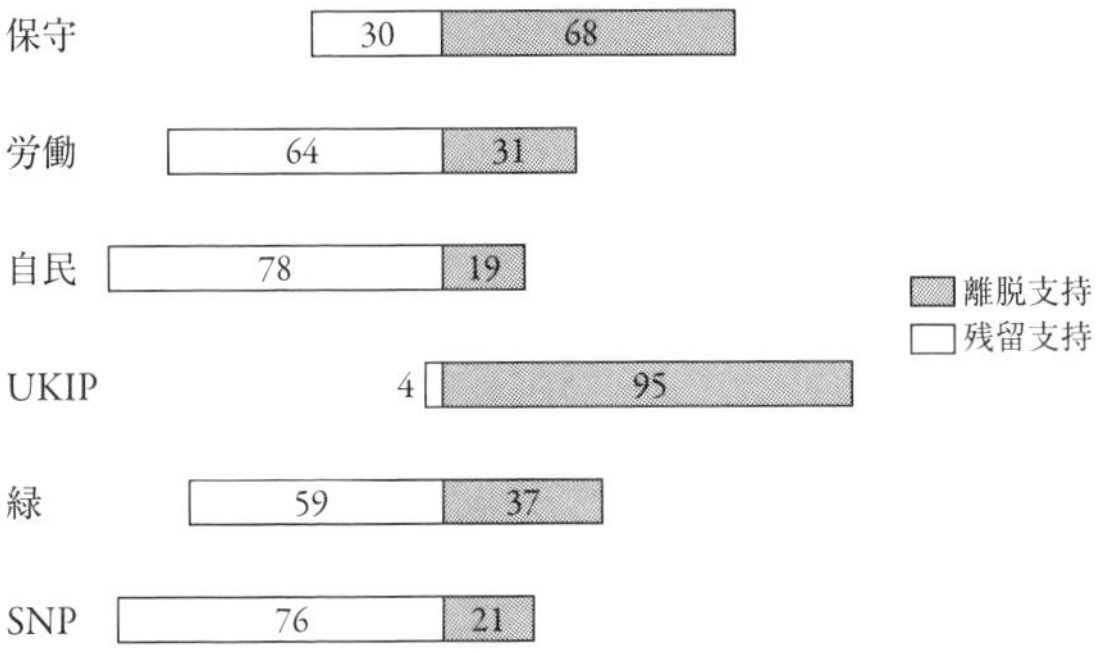

出典：Lord Ashcroft Polls, 9 June 2017 より作成

　では二〇一七年総選挙はブレグジット選挙と捉えることができるのでしょうか。先にも述べたように、ＥＵ離脱問題は選挙戦中、政党や政治家の側から争点化されることはほとんどありませんでした。その主な理由は、二大政党内部に対立を抱えていたことにあり、しかも保守党と労働党では、対立の構図が異なっていました。保守党の場合、党支持者の多くはハードブレグジットを支持していたのに対して、議会保守党内部において、ブレグジットの在り方をめぐってハードvs.

ソフトという意見の対立がありました。一方、労働党の場合、先のEU国民投票の際に、労働党議員の多数は残留を支持したのに対して、党支持者の中核をなす労働者階級の多くは、離脱に投票しました。そのため労働党指導部は選挙戦中、ブレグジットについてはアンビバレントな態度をとり続けました。

では有権者の側はどのように位置づけていたのでしょうか。アシュクロフト世論調査によりますと、「投票決定に際しての最重要争点は何か」との質問に対して、全投票者ではブレグジットとの回答が二八％、次に国民医療保健サービス（NHS）が一七％、そして経済・雇用（八％）、適切なリーダーシップ（八％）、移民（六％）と続きます。ブレグジットが第一位に位置づけられているものの、高い関心を集めていたわけではありません。政党支持別に見てみますと、保守党投票者では、ブレグジットとの回答が四八％と最も高く、適切なリーダーシップ（一三％）、経済・雇用（一一％）、移民（九％）、テロ・治安（七％）と続きます。これに対して、労働党投票者では、第一位に挙げられているのがNHS（三三％）で、次いで支出削減（一一％）、ブレグジット（八％）、貧困（七％）、経済・雇用（六％）と続き、ブレグジットは必ずしも重視されていません。内政問題、特に公共サービスや緊縮財政、貧困といった争点の方がはるかに高い関心を集めていました。

5 政党と支持層のねじれ現象

ＥＵ国民投票では、若い世代ほど残留を支持し、中高年層ほど離脱を支持する傾向にあり、大卒以上では七割強が残留を、中卒者では七割近くが離脱を支持しました。社会階層で見ると、専門・管理職が残留支持、熟練・未熟練労働者が離脱支持と分かれました。まさに年齢、学歴、社会階層にそったイギリス社会の分断状況が、ＥＵ残留・離脱をめぐる国民投票という回路を通じて、あらわになったと言えるでしょう。

離脱を支持した社会層は、経済的・社会文化的・政治的に「取り残された人々」(left behind groups) でもあると言われています。中高年の世代は、権威主義的でナショナリスティックな社会文化が支配的な環境の中で育ってきました。そのため、これらの世代は、若い世代に代表されるリベラル、コスモポリタン、多文化主義、親欧州といった主流派の社会文化から取り残されていると感じていました。そうした疎外感が、東欧からの移民急増に対する不安・不満とあいまって、離脱支持に傾かせることになったというわけです。

こうした社会文化的な見方に対して、経済的側面に注視し、離脱への支持は、深刻化する経済格差をめぐって労働者階級が政権に突きつけた怒りの表明と捉えるべきであるという理解もあります。実際、キャメロン政権による戦後最大規模の歳出削減政策は、貧困層に深刻な打撃を与えています。しかも、ユニバーサル・クレジットの導入により、一連の給付が統

図 3-6　2017 年総選挙における世代別政党支持

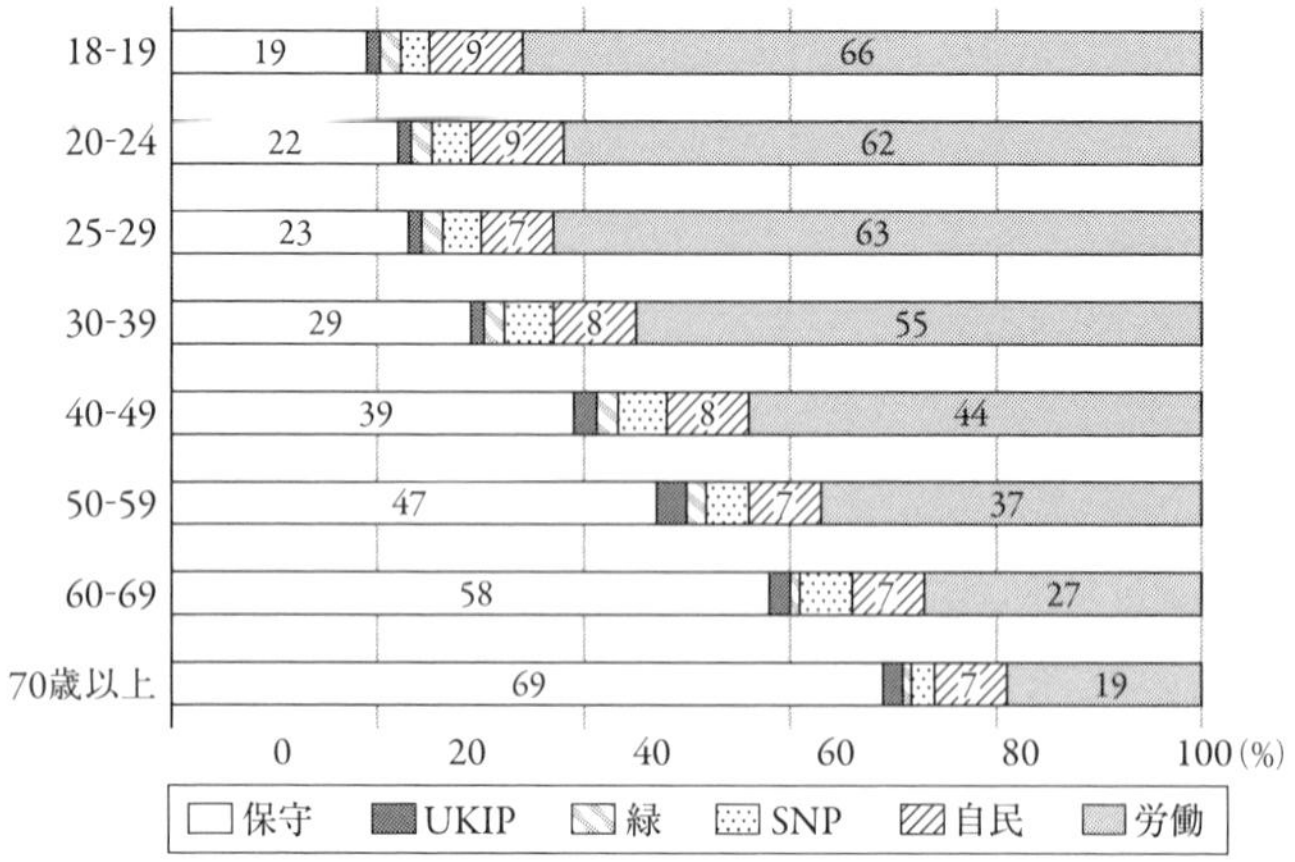

出典：YouGov Poll, 13 June 2017 より作成

合されるに伴い、貧困層に対する社会保障政策の再分配効果が著しく弱められました。実際、二〇一三年のOECDの比較データによりますと、イギリスはヨーロッパ諸国の中では、リトアニアに次いでジニ係数が高く、所得格差についてワースト二位に位置しています。

では、二〇一七年の総選挙には、イギリス社会の分断状況はどのように現れているのでしょうか。

二〇一七年の選挙では、学歴でも社会階層でもなく年齢が、労働党支持層と保守党支持層を分かつ最大の要素となりました。図3-6は、YouGov の世論調査をもとに、二〇一七年総選挙における世代別政党支持を示したものです。一八―一九歳の六六%が労働党に投票し、七〇歳以上の六九％が保守党に投票しています。若者であるほど労働党支持の割合が、逆に高齢者であるほど保守党支持の割合が高い傾向にあります。若者：労働党―高齢者：保守党という形で、年齢に沿って二大政党への支持が顕著に分極化していると言ってよいでしょう。階級をベースにした二大政党政治から、年齢をベースにした二大政党政治への転換です。

表3-1　2017年総選挙の主要政策に対する若者と高齢者の態度（%）

	18-24歳	25-49	50-64	65以上
数万人に移民削減	37	48	65	80
NHSの使用に際しEU域外移民に一層の支払要求	43	65	79	85
グラマースクール新設禁止の解除	23	26	33	42
大学授業料の廃止	58	55	45	38
年収8万ポンド以上の所得者に対する所得税増税	56	63	58	47
送電、鉄道、郵便の再国有化	50	47	46	42

＊数字は賛成の割合を示す。

出所：Curtice2017, p.7n table3より作成。

表３－１は、YouGovの世論調査をもとに、今回の選挙での主要政策に対する世代別の態度を示したものです。高額所得者に対する所得税増税や再国有化については、若者と中高年層との間に際立った相違は見られません。これに対して移民問題をめぐって顕著な違いが見られます。六五歳以上では八割もの人が「数万人に移民を削減」に賛成しているのに対し、一八―二四歳の若者でこれに賛成しているのは三七％にすぎません。「NHSの使用に際し、EU域外の移民に対し一層の支

払いを要求すべきである」についても、六五歳以上では八五％もの人が賛成、一八―二四歳の若者では四三％しか賛成していません。

保守党の掲げる移民規制政策が、社会文化的に保守的な高齢者層にアピールし、保守党への高い支持につながったことは想像に難くありません。他方で労働党のマニフェストは、移民のもたらす経済的・社会的貢献を積極的に評価し、移民の受け入れ数に上限を設けることはしないとしています。こうした労働党の移民政策が、社会的にリベラルな若者の支持を得ることになったと見てよいでしょう。その意味で、年齢による社会的分断は、社会的リベラル―社会的保守主義といった社会文化的な対立を反映していると考えられます。

社会階層という観点から見ると、保守党の支持基盤も労働党の支持基盤も、そう大きく変わってはいません。図3‐7のグラフは、総選挙ごとに各社会階層の保守党支持と労働党支持の差を示しています。真ん中の線より上であれば、保守党寄りであること、逆に下であれば、労働党寄りということになります。注目されますのは、二〇一五年の前回選挙に比べて、労働党の支持基盤であるC2（熟練労働者）・DE（未熟練労働者）が保守党を支持し、保守党の中核的な支持基盤であるAB（専門・管理職）、C1（ホワイトカラー）が、むしろ労働党を支持しているという、ある種のねじれ現象が生じていることです。

労働党のコービンは経済政策で言えば左派で、熟練・未熟練労働者に近いスタンスを取っています。ではなぜ労働者は、反緊縮を掲げ、政策的に近いと思われるコービン労働党以上に、保守党に多く流れたのでしょうか。

図 3-7　社会階層と政党支持

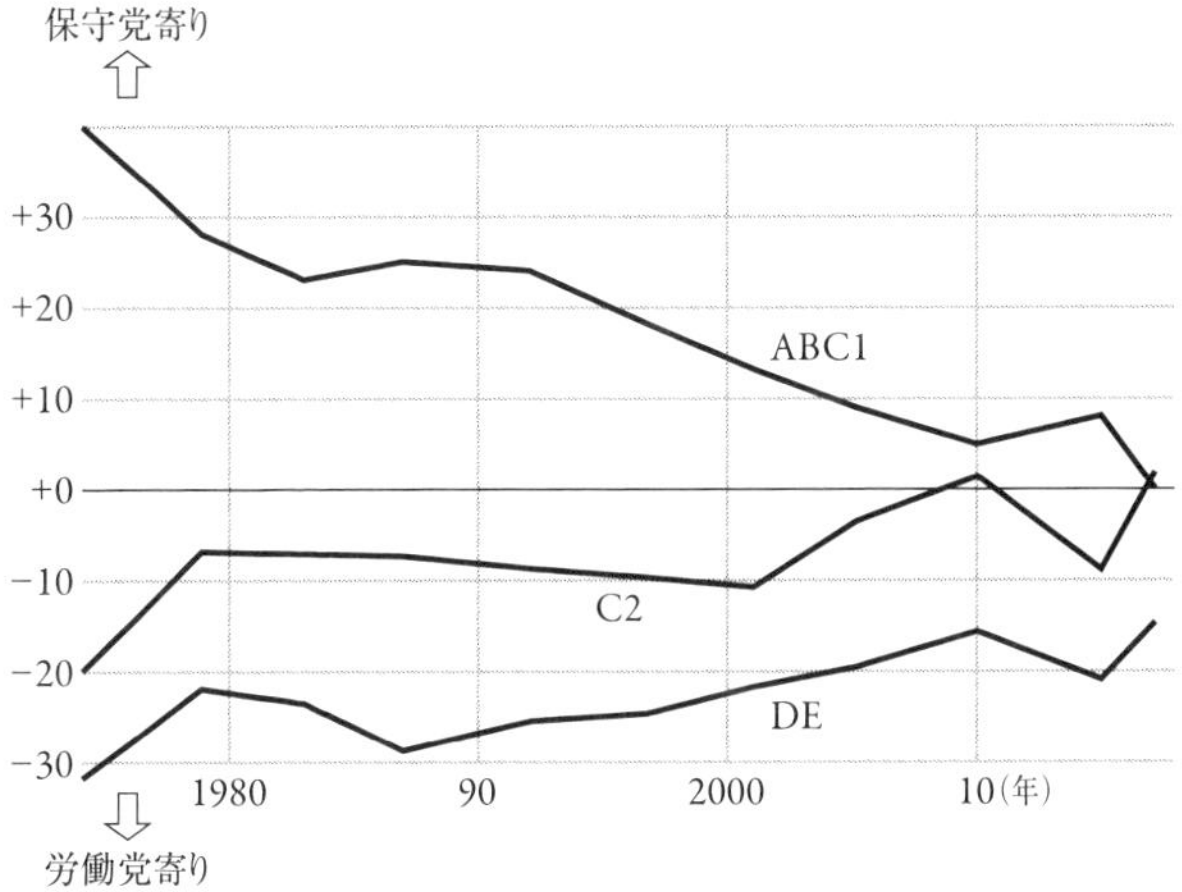

出典：Financial Times, 10 June 2017, 'Election 2017: how the UK voted in 7 charts' より作成

コービン労働党が左傾化する中での労働者の保守党への支持増大は、右―左という経済対立軸では充分に説明できません。社会文化的な対立軸で捉える必要があるように思います。

労働者階級は、法と秩序、性的マイノリティといった問題に対して権威主義的であるだけでなく、移民の増大に強く反対するなど、社会的に保守的な傾向が強い。これに対して、コービン党首が率いる労働党では、移民問題に関しては特にリベラルなスタンスをとっています。そのことが、これまで労働党の中核的な支持層をなしてきた熟練・未熟練労働者の支持をつなぎ止めることを困難にし、保守党への支持をもたらしたと考えてよいでしょう。

専門・管理職、ホワイトカラー層の保守党からの離反も、こうした社会文化的な対立軸から捉えたほうが、うまく説明できます。メイ保守党は、ハードブレグジットの立場から移民への規制強化を打ち出しました。そのことが、これまで党の中核的な支持基盤をなしてきた専門・管理職、ホワイトカラー層において、リベラルな人々の支持を失うことになったと考えられます。

6　イギリス政党システムの変容と今後

最後に、ではイギリスの政党システムは現在、どのような状況にあり、今後どう変化していくのでしょうか。

この点で参考になるのが、クィンが試みている議論です。図3－8の縦軸は、得票率をベースにした有効政党数です。横軸は、マニフェストをそれぞれ分析して、保守党と労働党でどれだけイデオロギー上の距離が開いているかを示しています。見られるとおり、一九五〇年から七〇年にかけては、二大政党間のイデオロギー距離は大きくありません。二大政党制の典型的な時期と言えるでしょう。

しかし、一九七四年から九二年にかけて、両党間のイデオロギー距離が開くと同時に、多党化が進みます。保守・労働両党が左右にイデオロギー的に分極化し、その結果、真ん中の政治空間に空きが生じます。そこに第三位以下の政党が台頭する余地が生まれるわけです。これに対して、一九九七年から二〇一〇年には、両党間のイデオロギー距離が収斂していきますが、依然として多党化傾向であることに変わりはありません。今度は、両党が真ん中に収斂することで、左右の両端に政治空間の空きが生まれます。つまり、多党化そのものは、保守・労働両党間でイデオロギー的に分極化が生じた場合でも、逆に収斂が進んだ場合でも、起こっているわけです。

重要なのは、一九七九年総選挙以降の動きを、クィンは単に多党化と捉えるのではなく、「政権交代のある優位政党制」（Alternating Predominance）と捉えている点です。どういうことかと言いますと、確かに政権交代はある。しかし、第一政党と第二政党の開き（得票率差・議席率差）が拡大しており、そのた

図 3-8　イギリス政党システムの推移

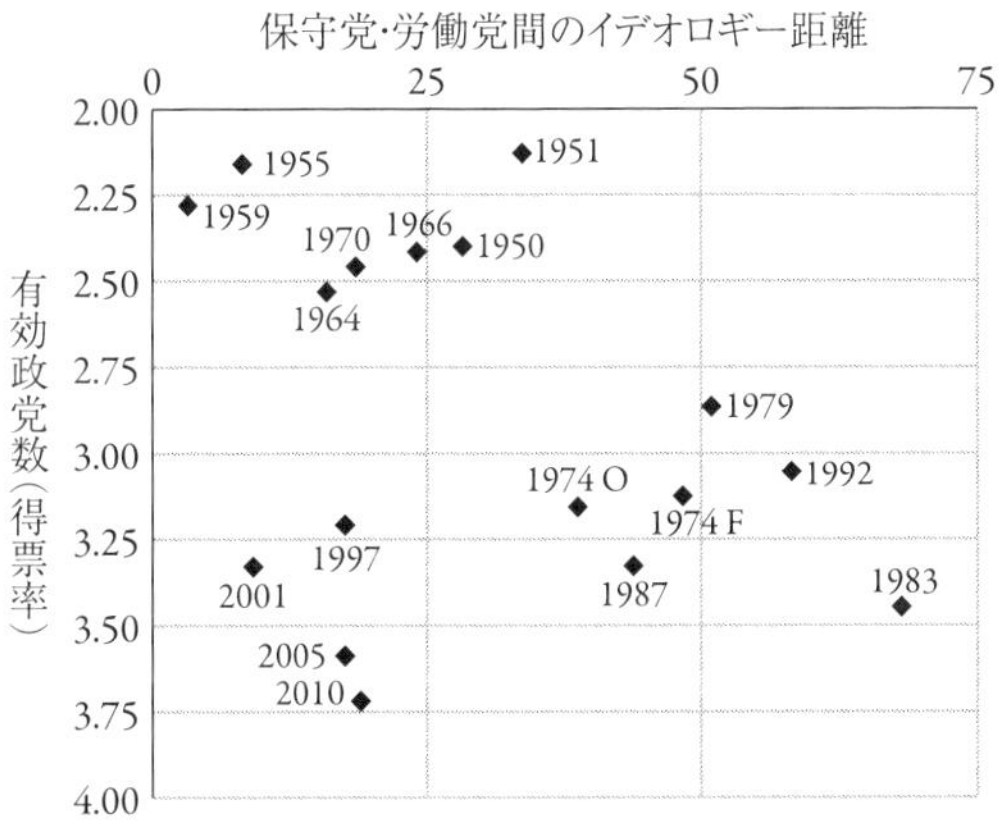

出典：Quinn 2013, p.389, Figure 4 より作成

図3-9　第一政党、第二政党、第三政党の平均議席率

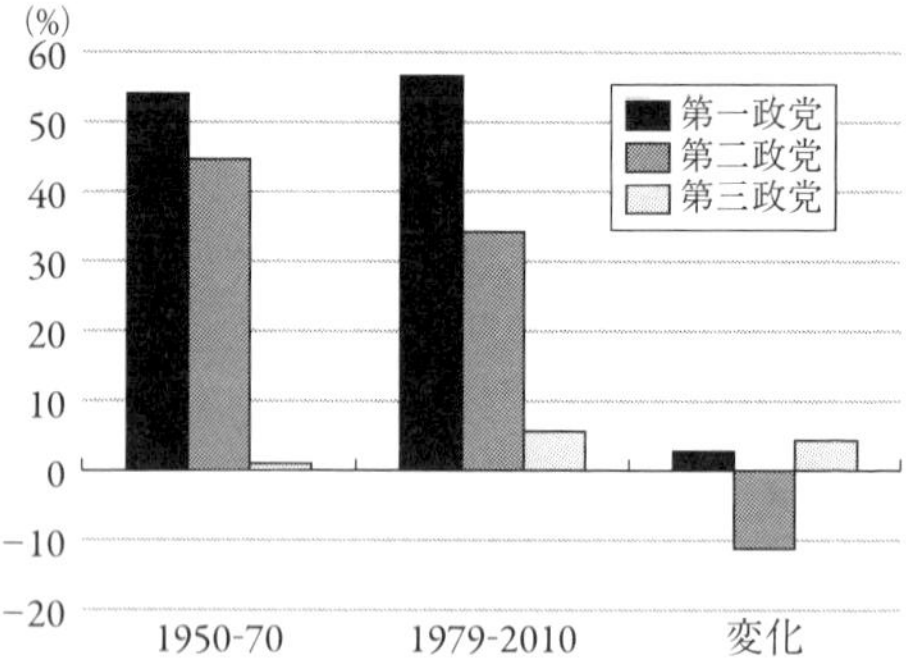

出典：Quinn 2012, p.393, Figure 7 より作成

め、どちらかの政党が政権を握ると、政権期間が長期化し、その期間は一党優位制のような状況になるというわけです。優位政党制と古典的な二大政党制のハイブリッドと見ることもできるでしょう。

図3−9は、一九五〇年から七〇年まで、一九七九年から二〇一〇年までのそれぞれの期間における第一政党、第二政党、第三政党の平均議席率をグラフで示したものです。一九五〇年から七〇年までの時期に比べて、七九年以降において、第一政党と第二政党の平均議席率の差が拡大していることが分かります。注目されるのは、一九七九年以降、第一政党の平均議席率は若干増えていますが、第三政党も平均議席率を伸ばしている、そして平均議席率を一番減らしているのが、第二政党であるという点です。一九七九年以降の多党化のなかで、第三政党が台頭してくると、そのあおりを食って議席を減らしているのが第二政党であるという、非常に面白い結果が出ています。

イギリスの下院の選挙制度は、申し上げるまでもなく、小選挙区制です。小選挙区制の下で、多党化してくると、第三政党の台頭は、第一政党には有利に、逆に第二政党には不利に働く。その結果、第一政党と第二政党との議席差が開き、政権期間が長期化することになる。図3-9からは、そのようなことが読み取れるように思います。

選挙制度と政党システムの関係については、有名な「デュヴェルジェの法則」があります。「小選挙区制は二大政党制をもたらし、比例代表制は多党制をもたらす」というものです。もっとも、この法則は選挙区レベルにおいて成り立つ法則であって、全国レベルに当てはまるわけではありません。各選挙区における主要な二政党がどの地域でも同じである場合には、全国レベルでも二大政党制が生じます。しかし、主要な二政党が地域ごとに異なれば、全国レベルでは多党制になってしまうからです。

イギリスの状況をざっと見てみますと、選挙区レベルについては、シュガートが一九八三年から二〇一〇年の総選挙までの有効政党数を計算しています。有効政党数は二・五から三の範囲を推移しており、二大政党化への圧力はそれなりに見て取れます。しかし、全国レベルでは、得票率で見た場合、有効政党数は増大しており、二〇一五年総選挙まで多党化の傾向にあったことは、冒頭でも述べたとおりです。

選挙制度が政党システムにもたらす効果という点から考えた場合、確かに国政レベルでは依然として小選挙区制ですが、欧州議会選挙では一九九九年から比例代表制が導入されています。一方で地方議会に目を向けますと、例えば、地方分権化されたスコットランドやウェールズでは、小選挙区制に比例代表制の要素を加えた選挙制度が採用されています。異なるレベルごとに別の選挙制度が採用されているという、選挙制度のマルチ・レベル化がイギリスでも進んでいます。その結果、レベルごとに異なる選挙制度が混合されることによってもたらされる多党化の傾向が、国政レベルにも浸透していると見ることもできるのではないでしょうか。

クィンの議論が正しければ、小選挙区制のもとで多党化すると、実は第二政党が一番割を食うことになるわけです。その結果、むしろ第一政党と第二政党の開きが拡大し、しばらくは優位政党制という状態になると解釈できます。

とすると今回、保守党が伸びているにもかかわらず、なぜ宙づり議会になったのかを考えますと、先ほど述べましたように、ブレグジットによってＵＫＩＰやＳＮＰといった第三位以下の政党が減退してしまった結果、第二位の労働党はそれほど不利な影響を受けずに済んだわけです。そのことが、労働党が伸張した要因の一つであり、保守党に労働党が肉迫した原因なのではないでしょうか。そのような解釈も可能なように思います。

【参考文献】

Curtice, John. 2017. "General Election 2017: A New Two-Party Politics?" Political Insight, Vol. 8, pp.4-5.
Dorey, Peter. 2017. "Jeremy Corbyn confounds his critics: explaining the Labour party's remarkable resurgence in the 2017 election." British Politics Vol. 12, pp. 308-334.
Heath, Oliver and Matthew Goodwin. 2017. "The 2017 General Election, Brexit and the Return to Two-Party Politics." The Political Quarterly Vol. 88, pp.345-358.
Quinn, Thomas. 2013. "From Two-Partism to Alternating Predominance: The Changing UK Party System, 1950-2010." Political Studies Vol. 61, pp.378-400.
近藤康史（２０１７）『分解するイギリス』筑摩書房。
阪野智一（２０１６）「ＥＵ国民投票の分析―政党内・政党間政治とイギリス社会の分断―」『国際文化学研究』第四七号、三一―八〇頁。
阪野智一・近藤正基編（２０１７）『刷新する保守―保守政党の国際比較』弘文堂。

第4章　マクロン大統領とフランス政治の行方

野中尚人

フランスの民主政について、どういう観点からお話を始めればいいのかは悩ましいところです。ここでは、半大統領制と言われている統治システムの全体像を説明することから始めたいと思います。

フランスの大統領は、選挙によって国民から直接選出されますから、相当な実権を持っています。首相を任命するのも大統領です。他方で、国民議会（下院）が首相の信任・不信任を決めることができますので、いろいろなことが起こり得るわけです。「コアビタシオン」という言葉をどこかで耳にしたことがあるかと思いますが、大統領の党派と議会の多数派の政治的なグループが異なっていると、両者は権力を分け合って共存しなくてはいけない状態になるわけです。

ただし、二〇〇〇年に大統領の任期が五年へと短縮されて以降は、大統領が主導権を握るという流れが強まっています。大統領と議会の任期をそろえて、大統領選挙を先に行い、その直後に議会選挙を行うという方式をほぼ固定したからです。これによって、「コアビタシオン」は非常に起こりにくくなりました。二〇一七年の大統領選に勝利したマクロンも、就任後は大統領が主導権を握りやすくなったのをうまく利用しながら、改革を進めようとしているところだと言っていいでしょう。

1　マクロンとその党が勝利するまで

大統領選挙とそれに続いた国民議会（下院）選挙についてお話ししますが、その前に、これら二つの選挙の仕組みについてごく簡単にご説明します。

大統領選挙は、全国を単一の選挙区とする多数決制度で、二回投票制を採っています。一回目に有効投票の過半数を獲得した候補がいない場合には、二週間後に上位二人による決選投票が行われます。国民議会のほうは、全国を五七七の小選挙区に分けた上で、大統領選挙とほぼ同様な二回投票制で行われます。つまり、大統領選挙も議会選挙も、一種の小選挙区制を用いていると言えます。

フランスでの選挙の実態を考える時には、あと二つほどの基本条件を知っておく必要があります。一つは公務員が身分を維持したままで選挙に出られることです。それだけでなく、

図 4-1　2017 年大統領選挙、投票結果

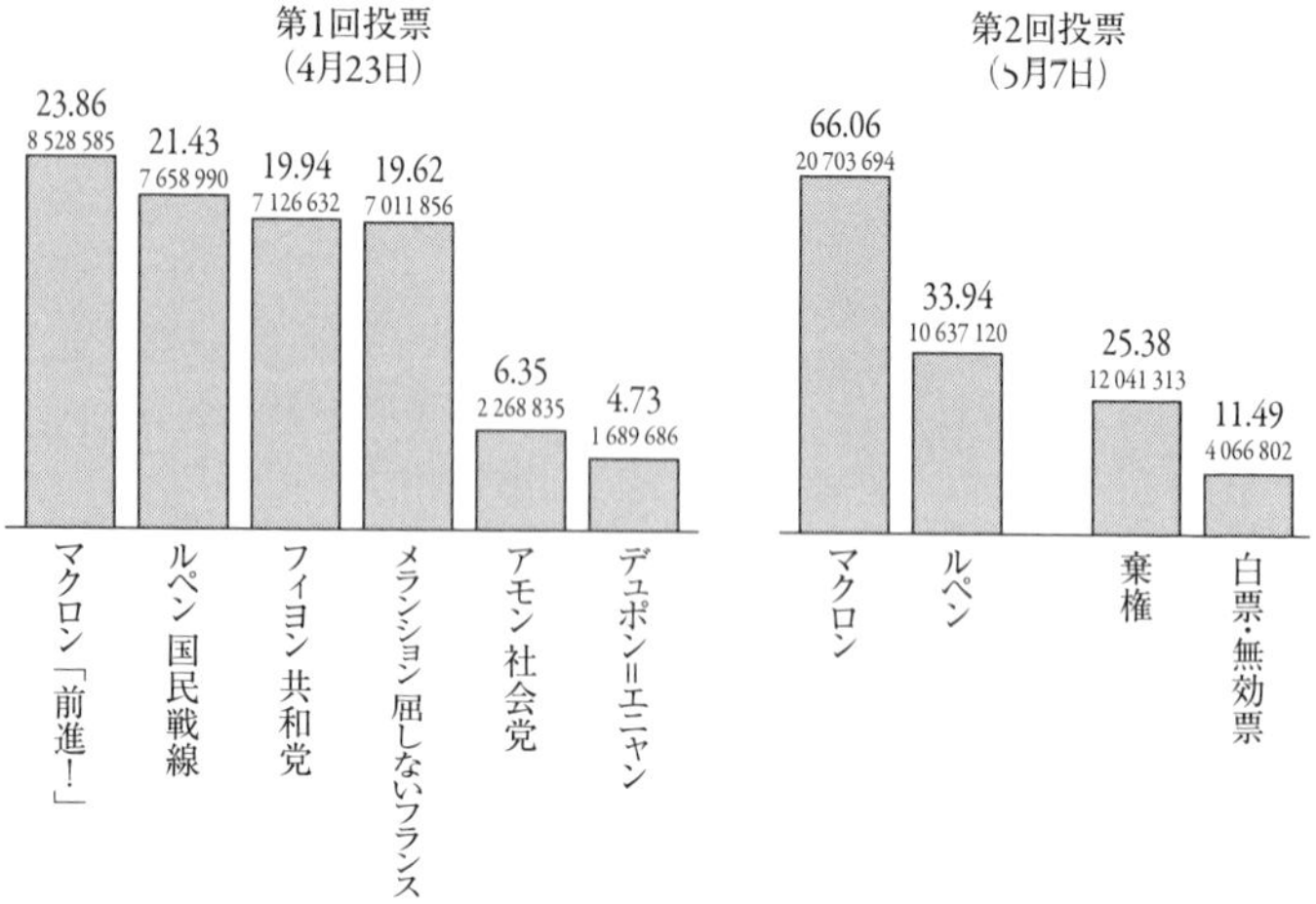

注：各候補の上段の数字は対有効投票比率，下段は得票数。
出典：フランス内務省（ルモンド2017年4月25日，5月9日）

当選後も国会議員として仕事をする間、公務員としての身分と権利をそのまま保持できます。公務員にとって相当に有利な仕組みです。もう一つは、いくつかの公選職を兼任できることです。例えば、県会議員はその地位を保持したまま国会議員選挙に出られますし、当選後も兼任ができる、といった具合です。ただし、今回の選挙から、この兼任のルールが厳しくなったため、それが相当に影響したとも言われています。

さて、二〇一七年の大統領選挙の結果を確認しましょう。まず、図4－1を見ていただくと、左側は一回目の結果を、右側は決選投票の様子を示したものです。

図4-2　主要政治ブロックの得票率の推移（大統領選挙第1回投票時）

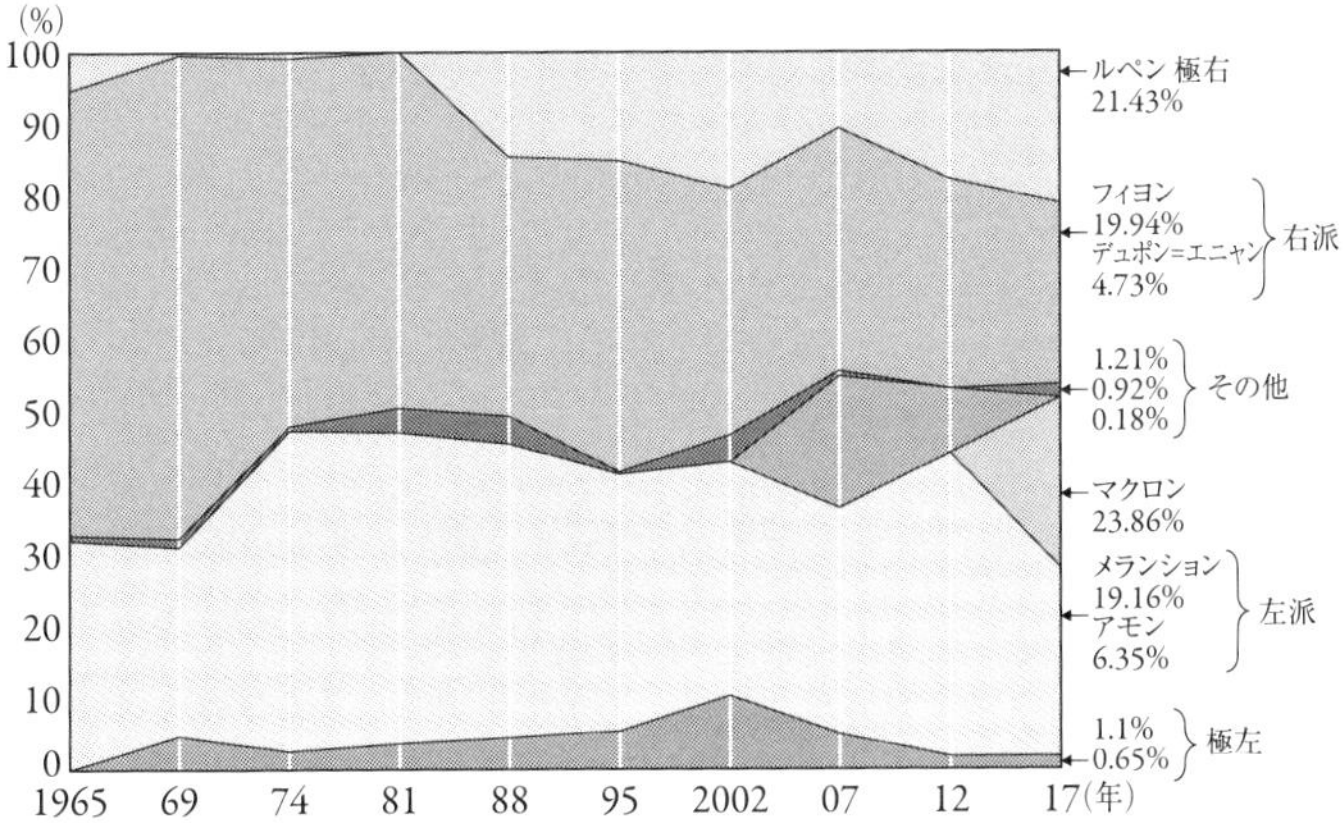

出典：フランス内務省（ルモンド2017年4月25日）

いずれも、マクロンの得票率は図の一番左です。

このグラフからは、一回目の投票では、上位四人が接戦を演じていたことが見て取れると思います。二回目では約三分の二がマクロンに投票し、三四％が極右であるルペンの国民戦線に投票するという結果になりました。右の図の中で、三番目の二五・三八％は棄権率ですが、この比率の高さにも注意が必要です。

次に図4－2ですが、これは過去からの大きな流れを見ています。右端のところが直近の大統領選挙で、中道に位置するマクロンの得票が突如として大きく膨らんでいることが分かります。このグラフの一番上の部分が、極右政党の国民戦線です。今回も決選投票に残りました。この二〇年ぐらいで、だいぶ勢力が安定してきたことが見て取れると思います。ただ、このグ

図 4-3　主要候補の支持率の推移

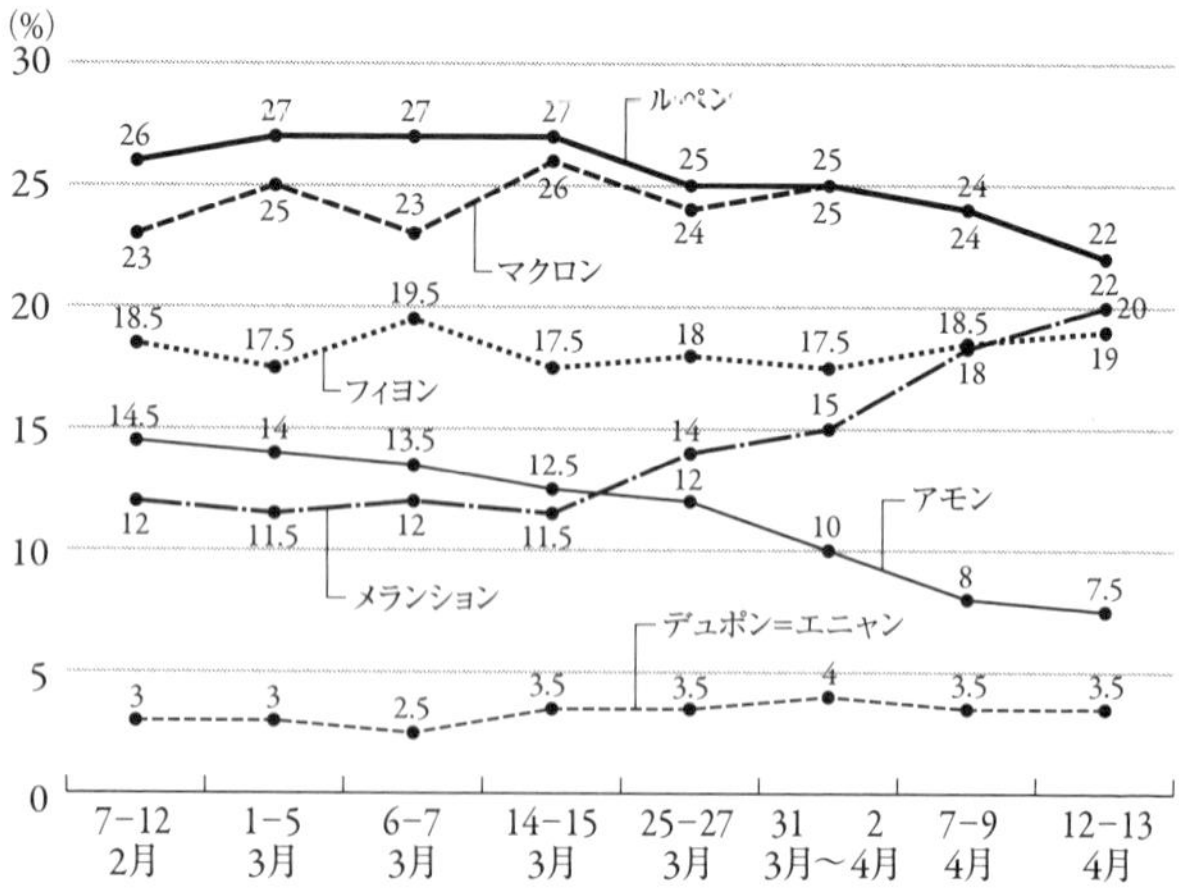

出典：ルモンド2017年4月20日

ラフは少し注意が必要です。特に、下のほうに左派（社会党）ブロックが置かれていますが、その中にメランションという、ほぼ共産党系の候補が合算されています。後で見ますが、実は社会党の候補は惨敗を喫していて、わずか六・三五％しか得票していません。

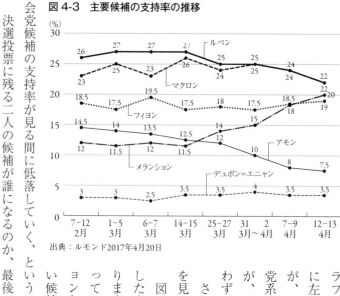

さて、次に個別候補に対する支持率の推移を見てみましょう。

図４－３は、最後の二、三カ月の流れを示したものですが、いくつか注目すべき点があります。一つは、上位の四候補が大接戦になっていたということです。第二に、メランションという、ある種の極左ポピュリストに近い候補者が急激に勢いを増していき、逆に社会党候補の支持率が見る間に低落していく、ということが起きました。

決選投票に残る二人の候補が誰になるのか、最後の最後まで極めて分かりにくい状況でした。決選投票に残る候補が分からない状況でしたが、マクロンは誰が相手でも勝つことがかなりはっきりしていました。しかし、その次に強い候補は極左のメランションでした。つまり、マクロンが何らかの事情で第一回目の投票で失速していたら、かなり極端な主張をしていたメランション候補が大統領になっていた可能性はかなり大きかったのです。それほど、ある意味できわどい選挙だったと言えます。

大統領選挙の後、一カ月ほどして、国民議会（日本でいう衆議院）の選挙がありました。まず、図4－4の上下を比べてみると、議員構成が劇的に変わったことがお分かりいただけると思います。下が新しい議会ですが、マクロンを支持する「共和国前進！」というグループが一気に三〇八議席を獲得して過半数を得たことが分かります。上側は解散時の議席です。オランド大統領を支えていた社会党が第一党で、ほぼ議席の半数を占めていましたが、今回は一気に三三議席に落ち込みました。政権奪回を目指していた右派の共和党は、大統領選挙でのまさかの

図 4-4　国民議会（下院）の議席変化

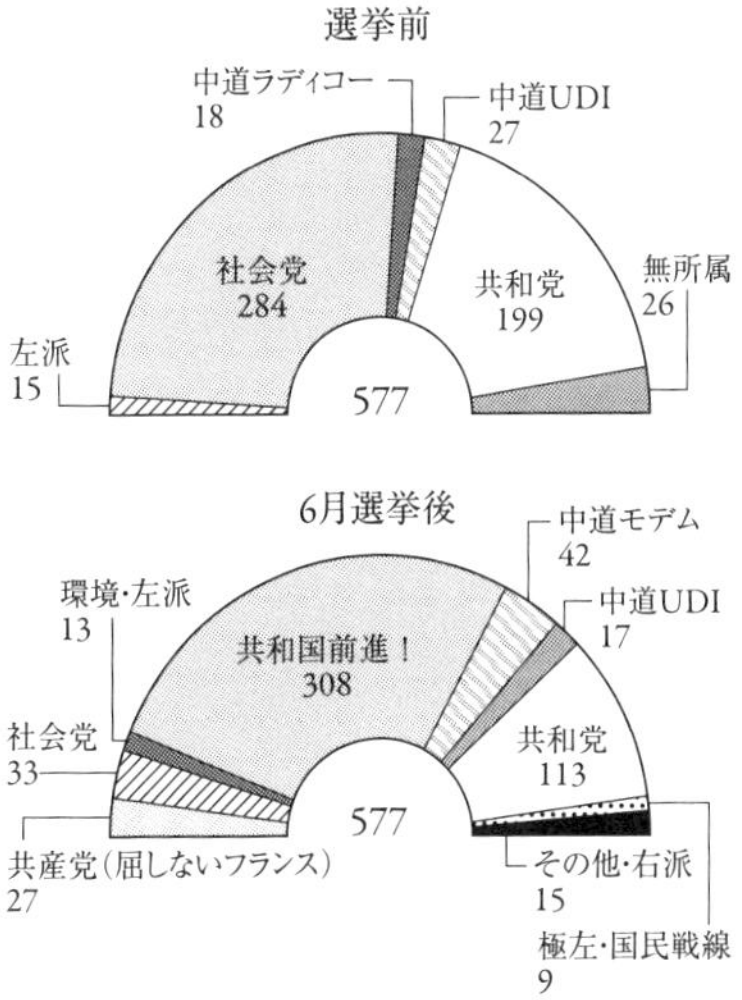

「予選落ち」に続き、議会選挙でも一一三議席に終わり、苦杯をなめる結果となりました。

今回の国民議会選挙では、女性議員が大幅に増加し、新人議員が大量に誕生した点に大きな特徴がありました。図4－5には、第五共和政が一九五八年に始まって以来の国民議会での女性議員比率の推移が示されていますが、今回選挙での激増ぶりは明らかです。既に二〇年ほど前からフランスでは、選挙の候補者について男女比を同等にすることが基本的に決められています。それでも、国民議会選挙では女性議員の進出はなかなか進みませんでした。候補者を男女半々にする代わりに、党への公的資金の減額という罰則を甘んじて受けるという対応だったのです。しかし、今回の選挙では、マクロン大統領の選挙公約だったこともあり、「共和国前進！」の候補は文字通り半分ずつでした。つまり、マクロンの党が大躍進した結果、女性議員の数も大きく伸びたのです。

図 4-5　女性議員比率の推移

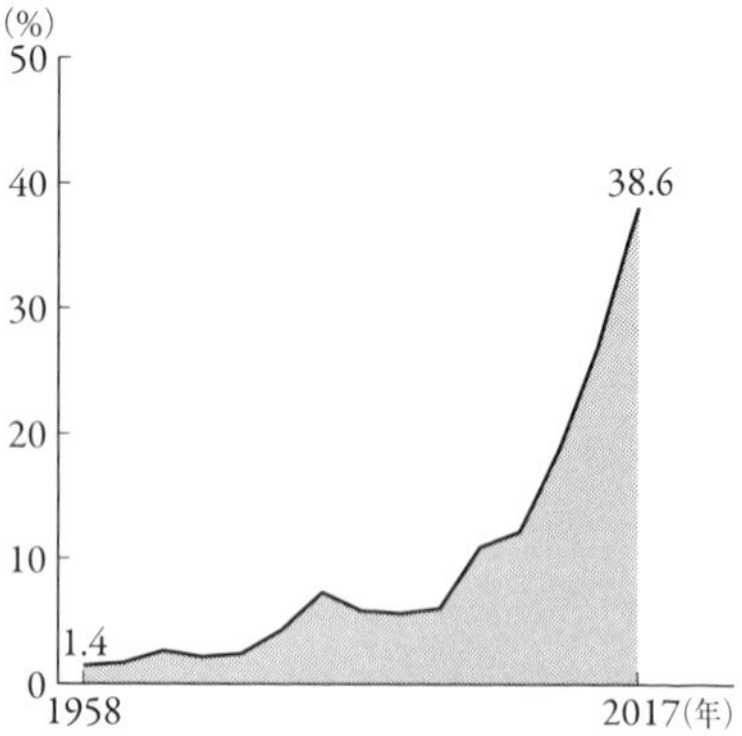

ちなみに、男女半々の公約は、内閣の顔ぶれでも実行されました。象徴的なことを申し上げれば、国民議会選挙が終わった後の改造内閣では男女がほぼ同数なのですが、その記念写

真では、男、女、男、女と交互に並んでいます。

四三四名という新人議員の大量当選は、新しい政党であるマクロン派が大躍進した当然の結果ですが、その背景には、議員の兼職が大幅に厳しくなったことがありました。これまで、国会議員と市長職を兼任する場合が大変に多かったのですが、これが今回選挙から禁止されました。その影響は非常に大きく、前議員のうち二二七名が、選挙への出馬を断念しました。選挙で勝てない可能性が大きいこともあって、市長の職にとどまる選択をした前議員が大勢いたようです。

2　大激変の選挙結果はなぜ生じたのか？

つぎに、こうした大激変とも言える選挙の結果がなぜ生じたのかについて、その背景を探ってみたいと思います。

図4－6を見ていただきたいと思います。この二つの円グラフは、フランス人の民主主義観を問うたものですが、アミかけで示した部分はそれぞれ、「フランスの民主主義はあんまりうまくいっていない」、「どんどん悪くなっているのではないか」という答えの割合です。現状でうまく行っていないという回答が合計で五七％、将来の展望で見ると実に七七％が今後さらに悪くなる、という否定的な回答です。そういう意味で現代フランスの政治は大変な

図 4-6　フランス人の民主主義への評価

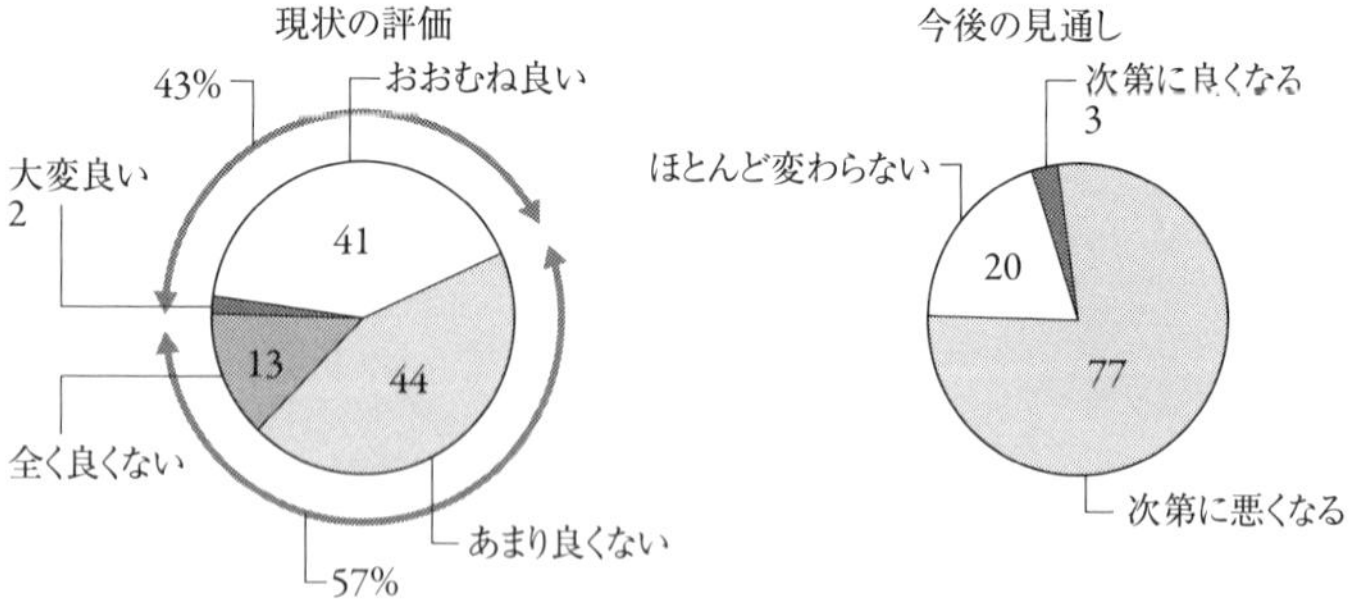

出典：IPSOS, Sciences Po, ルモンド他実施（ルモンド2016年11月8日）

状況に置かれていることは間違いありません。フランスの民主主義がうまく行っていないと回答した人にその理由を尋ねると、政治家の腐敗（七四％）、選挙の有効性のなさ（七〇％）、市民の意見が取り入れられていないこと（六五％）などが挙げられています。政治不信が相当にたまっていると言うべきでしょう。

また、別のアンケート調査では、「何がフランスの現状をよりよくするためのブレーキになっているか」という質問への回答として、政党（七八％）、労働組合（六二％）、メディア（五七％）、知識人（四四％）、企業経営者（四〇％）などが挙げられました。当然ですが、回答者がどの政党を支持しているかによって大きく異なっています。特に、労働組合への否定的な回答は右派・共和党に圧倒的に多く、他方で企業経営者という回答は左派、特に共産党系に極めて多くなっています。しかし注目すべきことに、政党が悪いという回答は、支持する党派の違いにかかわらず、ほぼ万遍なく最も数が多いのです。これはやはり、既成大政党の惨敗という選挙結果に深く関係していると思います。

次に、最近の大きな争点だったグローバル化とＥＵ統合について、国民がどう捉えている

図 4-7　グローバル化への評価

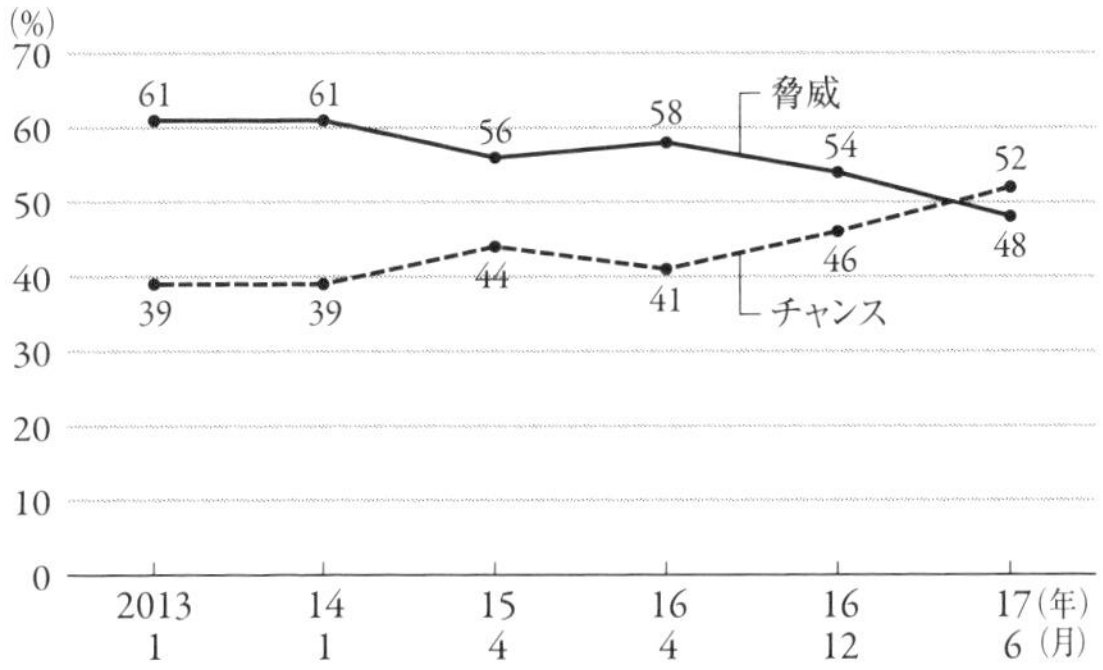

出典：ルモンド2017年6月21日-27日調査

図 4-8　EU への評価

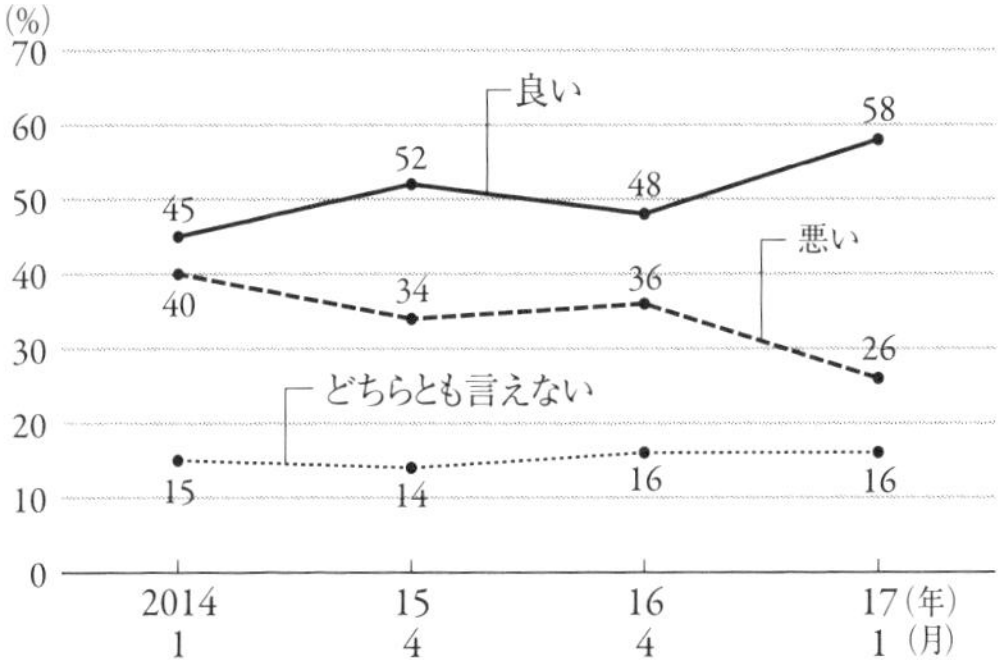

出典：ルモンド2017年6月21日-27日調査

かを振り返っておこうと思います。図4－7はグローバル化への評価、図4－8がEU統合への評価です。これを見てまず気づくのは、特にグローバル化がフランス人にあまり人気がないということです。ただし、マクロン大統領の登場を契機として、賛否の割合が逆転しているのは興味深いことです。EU統合については、従来から賛成派の数がわずかながら反対派のそれを上回っていましたが、それが大統領選挙後には、賛成派が顕著に増えていると見てよさそうです。グローバル化を一つのチャンスだとする回答が増えていて、「いや、グローバル化は脅威であり、危ない」という回答は減っていることになります。マクロン大統領は、開かれた社会、あるいはEU統合の強化を主張してきましたから、それが投影されている可能性があります。

3　マクロンとはどのような人物か？

さて、マクロンとはどのような人物なのでしょうか。

マクロン大統領は、一九七七年にアミアンで生まれ、地元の高校を経てパリの進学校として有名なアンリ四世校でバカロレアを取得しています。高等師範学校への受験に二度失敗したものの、パリ第一〇大学の修士課程で哲学を修め、マキュアベリやヘーゲルについて論文を書いています。これと並行してパリ政治学院を卒業し、エリート官僚の養成校として名高い国立行政学院（ＥＮＡ）へ進学しています。二〇〇四年にＥＮＡを卒業する際の成績は非常に優秀で、最上位クラスの成績者（マクロンは卒業席次五位）のみが入れるグラン・コール（財務監察官団）のメンバーになっています。その後〇八年には、休職身分（昇進・年金の権利が停止されるが、三年以内ならばもとの職務に復帰できるという条件）でロスチャイルド銀行に入りました。そのＭ＆Ａ部門で頭角を現し、ネスレ社によるファイザーの子会社買収など数々の成果を挙げ、一躍その世界で名を上げたとされています。

他方でマクロンは、遅くともパリ政治学院に通っていた時期（九八から〇一年）には社会党に入り込んで政治的な活動を始めています。いわゆる党の活動家です。当時のパリ一一区の社会党区長の側近部局（区長官房といい、企画・立案、対外交渉、調整と人事、総務のすべてを事実上統括します）でインターンをしていました。フランスでは、将来何か大きな仕事をしてみたいと考える若手が良くやるパターンです。

二〇〇六年には当時社会党の第一書記だったオランドの知遇を得るなどし、正式に社会党の党員となりました。〇七年の大統領選挙ではセゴレーヌ・ロワイヤル候補を支持するグループで活動をしながら、国民議会選挙への立候補を目指して社会党の支部に公認を申請していました。しかし、大統領選挙ではロワイヤルがサルコジに敗れ、マクロンも社会党の地方組織から公認を得られず、政界への進出はいったん頓挫しました。このあとマクロンは、前述のようにロスチャイルド銀行に転進し、一〇年末には経営幹部に上り詰めるなど、ごく短期間で昇進することになったわけです。

二〇一二年五月、マクロンに大きな転機が訪れます。オランド大統領の下で、大統領府事務次長を務めることになったのです。その後、ヴァルス内閣に代わった（一四年六月）際、いったん政府から離れ、高等教育（ベルリン大学とロンドンのＬＳＥ）にポストを得ています。しかし、同年八月には経済産業大臣に就任し、そこでマクロン法（規制緩和推進）を成立させることになります。実は、オランドに率いられた社会党政権が、ヴァルス首相の下で産業・労働政策の転換を図ることになるのですが、このマクロン法はこうした方向転換を最も象徴するものでした。世間から大きな注目を集めたのはもちろん、議会審議にも記録的な時間がかけられました。

その後、二〇一六年四月に政治運動として「前進！」を立ち上げ、同年八月末には大臣を辞任、大統領選挙への準備を次第に本格化させたのです。ちなみにマクロンは、〇八年にいったん財務監察官を休職しましたが、大統領府に入る前の一二年五月に復職しています。民間企業に勤務する間に、約二八〇万ユーロ（一ユーロ＝一三〇円として、およそ三億六〇〇〇万円ほど）の収入を得たことがわかっています。

やや興味本位で言えば、二〇一六年に財務監察官団から退くに際して、公務員としての勤務年数が規定の一〇年に満たないため、ＥＮＡ時代の給与分として五万四〇〇〇ユーロを返金したとのことです。しかし、全体としてみれば、マクロンの類稀な能力ももちろんですが、エリート官僚がいかに恵まれた条件で政治活動に関わることができるのか、改めてフランスの仕組みに驚かされます。

さて、マクロンは国民からどのように受け止められているのか、そのイメージを見ておきましょう。大統領選挙でマクロン勝利に終わった後の調査結果ですが、ここでもっとも多いのが、「彼は本当に物事を変えようとしている」という回答で、次いで「彼は非常に勇気がある」という回答でした。この二つについては、ともに約半数の国民が強く（一〇点満点スケールで七点以上）指摘しています。これがマクロンに対する国民のイメージです。政治の閉塞状態を打破してほしいという願望がマクロン大統領を生んだという側面があるということでしょう。

4　社会党の崩壊とポピュリズムの台頭？

今回の選挙結果を受けて注目を集めている点に、既成政党と政党システムは崩壊したのか、ポピュリズムはフランス政治を席巻しているのか、という問題があります。何と言っても、大統領選挙の決選投票で左右の主要政党の候補が全く残れなかったのは、これまでで初めてのことです。特に左派の社会党の場合、総崩れ状態になってしまいました。他方で、ルペン率いる国民戦線というポピュリズム型の極右政党が大きな存在感を示しました。

まず、社会党ですが、近い将来に立て直すのは難しいだろうとさえ言われています。その背景にはいろいろな問題があります。例えば公開型の予備選挙をやるということが、フランス社会党でもこの一〇年ほど続きましたが、それがネガティヴに働いたのではないかという指摘もなされています。この方式は、シンパの動員や宣伝効果といった点で一定の効用を持つ一方、想像もしなかったようなレベルの破壊的影響をもたらした面があるからです。最大の問題は、党機関への求心力が決定的に低下し、リーダー争いがメディアの世界を巻き込んだ個人間の争いへと完全に変質したことです。今や、党の第一書記の地位は何の重みも持たなくなり、提言や論争、あるいは党大会での表決といった党内のルール・手続きの価値も地に堕ちた感があります。大統領選挙を狙うリーダー候補は、とにかく自分だけが目立とうとし、テレビ出演や本の出版、あるいは過激な言動で耳目を集めようと躍起になります。差別化を図って自分の政治的キャピタル（資本）を膨らませようとしているわけです。

そして世論調査の数字が重くのしかかるようになりました。こうした事情を最も劇的に示すのは、予備選挙直前まで首相の地位にあり、圧倒的な下馬評だったヴァルスが、予備選挙でまさかの敗退をした後、「誰が選ばれてもその結果を尊重して本選ではその候補に協力する」という党への誓約を反故にし、マクロン候補の支持に回ったことです。

もともと政策的には近いと考えられていましたが、それにしても党の中心人物の突然の離反でした。いずれにしても、社会党の中でオランド大統領は候補になることができず、そのオランドを押しのけて出ようとしたヴァルスは、党の機関をほとんど掌握していたはずでしたが、それがほとんど役に立たず、第三の候補、第四の候補と言われた党内候補に敗れてしまう。そういう経緯をたどりました。その意味で社会党は、崩壊状態になっていたということです。

今回選挙のもう一つの関心事は、極右の国民戦線という政党でした。国民戦線は、現党首のマリーヌ・ルペンの父親であるジャン・マリー・ルペンによって一九七二年に設立されました。彼は、一九五六年の議会選挙（当時は第四共和制）でプジャーディストと呼ばれた、ポピュリスト政党の草分けのような政党から立候補して国会議員となった後、同党を離党して国民戦線を設立しています。「ユダヤ人虐殺の『ガス室』は存在しなかった」といった発言をはじめ、極めて過激な言動から当初は全く勢力を拡大できませんでしたが、一九八〇年代に入ると次第に勢力を拡大定着させ、一九八八年の大統領選挙では一四・四%の得票を得るなど、無視できない存在になってきました。その後は、国政選挙でほぼ一〇%を超える支持を得ています。

国民戦線は、当初は農業従事者や商人、手工業者といった、伝統的な中間層に支持されていましたが、一九九〇年代に入るころから、労働者層での勢力拡大に成功したようです。実際、労働者の間での国民戦線の支持率は、九三年の国民議会選挙で一八％、九四年のヨーロッパ議会選挙では三一％、そして九五年の大統領選挙でも三〇％となっているわけです。今回の大統領選挙でも、労働者の間ではルペンへの支持が一位（四六％）との調査結果があります。

フランスを代表する政治学者であるパスカル・ペリノー氏によれば、国民戦線の支持者は、自己定義として人種差別的と考え（八九％）、差別的言動の経験があり（七〇％）、移民受け入れの全面中止に賛成（八八％）しているとされます。同氏のもう一つの研究でも、ヨーロッパ統合への否定的評価、移民の拒絶、政治家不信、民主主義への懐疑などの点で、フランス人全体の回答に比べてその割合が二〇ポイントほども高いことが示されています。

その後、国民戦線は、極端な人種差別的言動から一定の距離を取るべきだとするグループとの間で路線闘争が起こり、九九年には分裂しました。その後、二〇〇七年の大統領選挙に際しては方針の柔軟化が一定程度、図られました。「非悪魔化」路線とも呼ばれていますが、そうした方向は、二〇一一年に現党首へと交代した後、さらに進められてきた面もあります。

いずれにしても、失業や移民の問題、それらと関連した形でのテロの脅威があり、他方で

ＥＵの枠組みが課す財政規律の縛りもあり、国民の不満は解消されるどころか、ますます鬱積してきた面があります。国民戦線は、こうした社会の不満を、人種差別的なポピュリズムのレトリックに包み込みながら、反ＥＵや反グローバリズムという主張に結び付けつつ展開してきたと言っていいでしょう。

5 マクロン政権とフランス政治の今後

ポピュリズムの台頭や既成政党の凋落といった変化の中で、マクロンは極めて多くの改革提案をしています。原子力を二〇二五年には五〇％に低減する、ＥＵとかユーロを維持・強化する、労働関係法を一層柔軟化する、公務員を一二万人削減する、議員定数を大幅に削減する、公選職の連続任期の制限をする等々です。これらは、選挙の際のマクロンの公約でした。選挙に際して候補者の男女比率を半々にすることや、民間出身で政治のプロではない人を半分起用するといった提案は、既に相当程度、実行に移されました。

予算に関しては、五年間で六〇〇億ユーロの歳出削減をする一方で、五〇〇億ユーロ分を、新たな政策目的に使うという提案をしています。税金についても、地方税である住民税を三年間で八割削減すると言っています。地方自治体にとっては財源を失うことを意味しますから、これはなかなか大変なことですが、フィリップ内閣は、日本で言う交付税を給付することで対応すると言っています。ただ、具体的にどうなるかは、まだ分かりません。

もう一つ、これも税金に関係しますが、健康保険、失業保険の被用者負担をなくす一方で、消費税の社会保障版である一般社会税を増税するという提案をしています。つまり、負担を全世代型にするというわけです。

最後に、憲法体制と統治機構に関連して出ている話を二つほど紹介して終わりにします。一つは、定数削減の問題です。下院五七七、上院三四八というのが現在の定数ですが、いずれも三〇%削減するという案を、最近になって打ち出しました。二〇一八年の夏前あたりまでに結論を出すことになっています。

もう一つは、議員の任期を連続三期までにするという提案をしています。つまり当選四期という議員を認めないという提案です。これについては、保守派の勢力が依然として強い上院で特に反対の声が大きくなっています。保守派グループの長が上院議長を兼ねていますが、彼は明確に反対しています。これだけはレッドラインだと言っています。ただし、最後まで何が起こるか分かりません。国民投票によって実現する手続きと、議会の議決のみで進める手続きと、両方あります。議会での議決の場合、両院合同の六〇%の賛成が必要で、これは実現できそうにありません。そこで国民投票にかけるという議論が起こっています。世論調査を見ると、大体九割ぐらいが賛成しているようです。それまでに議会内での手続きがありますが、大胆なことをやってくる可能性がまだあるということです。

日本と比較してみると、そもそもやり方が違う点が少なくありません。そのため、どういう良さがあって、どういう問題があるかを言うのはそう簡単ではありません。しかし、フランスの政治・経済・社会が閉塞状態にある中、新しい大統領、若くて大胆で、しかも実行力のありそうな人物に当面の舵取りを任せたということになると思います。容易ならざる状況ですので、政策遂行の成否は全く予断を許しません。しかし、ヨーロッパの全体の情勢にも関連し、注目に値する大変化だと思います。

第5章　イタリアと「民主主義の赤字」

伊藤　武

　ここでは「イタリアと『民主主義の赤字』」と題し、三月四日に実施される次期イタリア総選挙の展望と、それに絡めた政治的意義について話をします。この選挙は、特に既成政治の打破や反ユーロの急進的主張を掲げたポピュリスト勢力の躍進と政権獲得が争点となっています。

1　イタリアの戦後政治

　まず、本題に入る前に、イタリアはなかなかなじみのない国ですので、現在に至るまでの簡単な歴史を説明したいと思います。

　イタリアと日本は政治的に非常によく似ていると言われてきました。実際、明治維新と同時期の建国以来、両国は同じような歩みをたどってきています。イタリアの戦後体制は、今では第一共和制と呼ばれますが、日本と同じく政権交代が不在であり、キリスト教民主党を軸とした中道的連合政権が続く中で、左に共産党、右に極右と、その激しい左右対立を特徴としてきました。

その対立を緩和するために、公共事業や福祉などの利益誘導が行われた結果、汚職が相次ぎ、財政赤字が膨張し、イタリアの政治・経済は危機に陥りました。こうして第一共和制は一九九〇年代初めに崩壊します。

そして一九九四年以降、第二共和制という新しい時代に入ります。第二共和制では、同時期の日本の政治改革と同じく、政権交代のある民主主義を経験し、小選挙区・比例代表並立制を導入するなど、新しい政治改革が行われました。その結果、新政党を軸として、中道左派と中道右派の二大政党が交互に政権交代をする民主主義が実現したわけです。

しかしながら、前回の総選挙の時期（二〇一三年）に、イタリアは再び大きな転換点を迎えます。その数年前から始まったギリシャ危機、ユーロ危機のために、イタリアも国債デフォルト寸前の経済危機に陥り、モンティ政権下の二〇一一年から、厳しい緊縮財政が実施されました。さらに、ベルルスコーニ政権の児童売春問題や汚職疑惑がメディアを賑わします。過去二〇年に及ぶ第二共和制を担ってきた二大勢力である中道左派、中道右派に対する幻滅が広がりました。

この中で、既成政党を厳しく批判し、インターネットを通じた直接民主主義の実現やユーロ離脱国民投票実施を公約に掲げる五つ星運動が急速に支持を伸ばします。二〇〇九年秋に結成された五つ星運動は、一三年二月に結党初の総選挙に臨み、下院で得票率第一党に躍進したのです。自由国民など中道右派は低調な結果に終わり、フォルツァ・イタリアなどに再分裂します。民主党を軸とした中道左派連合は、最大得票を得た勢力に下院で過半数を付与する選挙制度のおかげで、ようやく多数派を確保しました。この結果、中道左派、中道右派、五つ星運動の三勢力の鼎立《ていりつ》状況が生まれました。

大衆に直接訴える政治スタイルを重視する点でポピュリスト政党として警戒された五つ星運動が政権入りすることはなく、民主党を軸とした左右の大連合政権が組まれました。レッタ政権、レンツィ政権、ジェンティローニ政権と、この枠組みでの政権が続いてきました。政治制度改革で一定の成果を上げたものの、この後お話しする憲法改正の失敗や、経済改革の行き詰まりなどで総選挙を迎えている状況です。

2 「五つ星運動」の台頭と中道左派、中道右派

主要勢力の政治配置につきましては、次の三勢力になります。まず、中道左派はレンツィ氏（写真1）を軸として、民主党、穏健中道左派の民主党が主導していますが、中道左派は

写真1

（写真提供：ロイター＝共同）

写真2

（写真提供：ロイター＝共同）

小勢力に分裂し、なかなかまとまり切れていない状況が続いています。

これに対して中道右派は、かつてのフォルツァ・イタリア（初代党首ベルルスコーニ：写真2）が盟主となる時代は過ぎ去りまして、フォルツァ・イタリアと、サルヴィーニ（写真3）を党首とする同盟の主導権争いが続いています。同党は二〇一六年より同盟に改称しています。

そして、多くの人の関心を集める五つ星運動はその後も堅調な勢いを見せて、二〇一六年のローマ地方選挙での市政獲得などは記憶に新しいかと思います。

政党支持をめぐる状況について、総選挙二週間前の世論調査の数値を挙げますと、まず中道右派が三五％前後で最有力となっています。その中では、フォルツァ・イタリアが一八％と優勢で、同盟は一一％と低落傾向に陥っています。続いて、五つ星運動が二九％を記録しています。単独政党としては第一党になるのはほぼ確実です。他方、中道左派は二八％あまりにとどまり、中心的な民主党も二二％を割るなど苦戦が続いています。ただし、三割を超える支持未定者がいること、二週間で情勢が大きく動く可能性も否定できないことに注意が必要です。

総選挙の見通しとしては、中道右派が第一勢力となるものの単独過半数確保は難しく、この中道右派と五つ星運動、中道左派による三勢力鼎立が生じるという見方が有力です。

写真3

（写真提供：ロイター＝共同）

政権成立は難航することになるでしょう。中道左派も中道右派も、それだけでは過半数確保は難しいという予測が多数であるからです。五つ星運動は単独第一党となっても、他党との連立を拒んで選挙に出るということを党の基本方針としていますので、このままですと政権獲得の見込みはありません。ただし、最近になって指導者たちは、他党との提携に含みを残す発言を行うようになっています。したがって、ジェンティローニ政権と同様に中道左派・中道右派を軸とした大連合的な政権が続くのではという意見が目立っています

3　憲法改正と選挙制度改革の挫折

さて、なぜそうなるかという話をするときに、二つの制度に注目しておくことが重要です。一つは憲法制度、統治制度で、もう一つは選挙制度です（もちろん選挙制度は、前者の一環でもあります）。

まず、憲法改正は、二〇一六年一二月の国民投票で否決され頓挫しました。改正案は、日本以上に強い上院の権力を削減し、国政の権限を下院に実質的に集中させることを狙うものでした。改正案が議会で検討されていた二〇一六年から二〇一七年初めまでの間、停滞したイタリア政治を改革するため、強すぎる上院を含む「完全な二院制」を変え、首相を中心とする政府が「決めやすい」政治制度を導入しなければならないという意見は、世論でも多くの支持を得ていました。しかも、そのために必要な選挙制度改革は、すでに二〇一五年五月に成立していました。下院を軸に、安定した多数派を生み出す必要があることは世論に一定の理解を得ていたのです。

しかし、二〇一六年六月の地方選挙で五つ星運動が大躍進し、ローマやトリーノなど主要都市の市政でも多数派を獲得すると、憲法改正の実現を旗印に掲げていたレンツィ政権（当時）への批判が沸騰します。野党のみならず、与党民主党内左派からも、レンツィ首相の強力なリーダーシップが、独善的だと集中砲火を浴びます。さらに、経済政策運営や銀行救済問題への批判も重なりました。これに対し、レンツィ首相は、憲法改正の成立に政権の信任をかけると公言して対抗しました。このように、憲法改正問題は、改正案の内容そのものよりも、政権批判の象徴となってしまい、否決に追い込まれたのです。

しかし、憲法改正が否決されたことで、二院制改革も、新選挙制度も挫折してしまうことになります。そうなると、最大多数派に過半数の議席を与える選挙制度が生き残ってしまいますので、第一勢力になった五つ星運動が政権を獲得する可能性が生じました。

このため残りの勢力は、五つ星運動の政権獲得を阻むために、選挙法を新たに改正し、ロザテルム・ビスと言われる新しい選挙法が成立しました。この選挙法では、小選挙区が三分の一、比例代表制が三分の二となっており、ドイツの選挙制度を模したものとなっています。この選挙制度の下では、単独の政党による政権獲得の見込みがなく、政権を獲得する場合には連立が欠かせません。前回の総選挙のように、第一勢力となれれば下院の最多得票勢力に自動的に過半数の議席が与えられるという制度ではなくなってしまったわけです。

このように、明確な多数派を作りにくい選挙制度であるために、先述のように、三勢力の鼎立状況が生じると予測されます。

4　イタリア政治、今後の展望

というわけで、現在の選挙制度と勢力配置、三勢力鼎立ということを視野に収めますと、今後の政権についてはこのような見通しが出てきます。

まず、単独過半数に達する勢力はありませんので、他の国と同じように「宙づり議会（ハング・パーラメント）」になる可能性が高いと言えると思います。そうしますと、政権として可能性があるのはまず、第一位になった中道右派が単独少数派政権を形成するということです。

ただし、この政権は非常に弱いので、政権としては短命で、五年の任期満了を待たずに繰り上げ解散となる見込みが高い。次の地方選挙のような中間選挙で負けて政権が崩壊するかもしれないということも、すでに囁かれています。

それに対して、もう少し安定した枠組みが欲しいという人々は、大連合政権を推しています。これは現在のような大連合的な枠組みを継続するということです。しかし次節でお話ししますように、こうした大連合的な政権はドイツの例に見て取れますように、世論から非常に強い批判を浴びます。そしてポピュリスト政党の躍進を招く要因となりかねません。イタリアの場合、五つ星運動をかえって伸長させるリスクがあると言えます。

もし五つ星運動が予想以上に勢力を拡大させた場合は、同党が主導する政権の可能性も排除できません。

リスクということで言えば、憲法改正が失敗して上下両院が対等な権限を持ち続ける中、選挙制度の積算基盤（定数や比例区の区割り）が両院で異なるために、上下両院の多数派が異なる可能性がまだ残っています。そうしますと、まさに分割政府に近い状態が生じるわけで、日本の参議院問題とは比較にならないような立法の停滞、政治運営の停滞が生じるリスクがあります。

ＥＵ圏第四位の経済規模を誇るイタリアでは、ＧＤＰ比で一〇〇％を超える政府債務残高問題、欧州屈指の高齢化への対応が遅れる年金改革など社会保障問題の解決、そして硬直的規制のために労働コストが高止まりする労働市場の改革が焦眉の急を告げています。銀行救済の問題も非常に深刻です。そのことは、イタリアの政界、経済界、労働界ともよく理解しているはずです。しかし、これらの改革が十分なスピードを持って実施される見通しは立ちにくい気がします。

5　日本への示唆

最後に、イタリアの事例を日本に当てはめたときに、どのような示唆が得られるかということですが、まず、イタリアも含めて、ポピュリスト勢力というのは、日本から見れば変わった勢力だと思われるかもしれません。しかし、北部同盟は既に一九八〇年代から、フォルツァ・イタリアも九〇年代には国会に議席を得ています。五つ星運動は新しいわけですが、もう五年近く安定して勢力を拡大し続けています。何度も試行錯誤をしながら急進的な姿勢を保ち続けています。ですから、ポピュリスト勢力は既に現実化して一定の地位を確立し、その存在を抜きにしてヨーロッパの、特にイタリアのデモクラシーを語ることはできない状況にあります。

日本についてもっとも意味があると思われるのは、日本では、安定した多数派を生み出すために、得票率と政権勢力の議席の差をあえて拡大するような選挙制度改革や、首相や官邸の権力強化を促すような統治制度改革が行われてきましたが、イタリアもそのような流れに位置づけられるということです。

ところが、こうした改革というのは、政治制度への信頼を毀損し、自分が投ずる一票など無駄だといった感覚を持たせてしまい、そうした状況を批判するポピュリスト勢力が伸張する〝養分〟を与えることになってしまった。これがイタリアの経験であろうかと思います。

そうしますと、現在の新選挙制度のように、各勢力の得票が議席配分に均等に反映されやすい選挙制度へ改革をすべきだという意見があって、実際にそうしたわけですが、それによって、政党よりも議員個人の存在を重視した選挙へと変質し、その競争に勝つためには議員個人が利益誘導に走る可能性があるわけです。実際、イタリアではこの問題が非常に深刻です。

日本では中選挙区制復活論や参議院改革が一定以上の関心を集めていますが、イタリアに突きつけられた「民主主義の赤字」というジレンマ、つまり安定政権と改革の迅速化の要請と政治指導者の決定に対する国民のコントロール確保の要請の間の相克に対応する改革、ポピュリスト勢力の抑制という問題が相互に相反し合う状況というのは、日本でもあるかもしれません。イタリアの経験に学び、今後の動向を見守る必要があるだろうと思います。

【追記】　三月四日に行われた総選挙では、五つ星運動が三三％、中道右派が三八％、中道左派が二三％という結果（※下院得票率）となりました。特筆すべきなのは、五つ星運動が予想以上に躍進して三〇％を大きく超えたことに加え、同盟が一七％と前回総選挙比で四倍以上に得票を伸ばし、フォルツァ・イタリアを凌ぐ中道右派陣営の第一党に急進したことです。

民主党を中心とした中道左派が惨敗し、中道右派内の穏健派のフォルツァ・イタリアが伸び悩んだため、後継政権作りにおいて、従来のような大連合的枠組みの継続は難しくなりました。代わって浮上しているのは、五つ星運動と民主党内非主流派（レンツィ指導部は政権参加反対）を軸とした連合政権か、五つ星運動と同盟を軸とした連合政権です。しかし、最大政党は五つ星運動である一方で最大会派は同盟を盟主とする中道右派であるというねじれを抱えた三勢力の鼎立状況のために、首相をどちらから出すかなど合意が難しい要素が多く、執筆時点（二〇一八年四月中旬）では、後継政権は未定な状況です。

第6章　二〇一七年のヨーロッパを振り返って

水島治郎

各国政治の専門家の皆様のお話を踏まえながら、私の方からはやや大まかな視点から、二〇一七年のヨーロッパと日本の政治の変動を振り返ってみたいと思います。

二〇一七年は、実に慌ただしい年でした。一月二〇日にはアメリカでトランプ大統領の就任式が行われ、世界の注目がワシントンに集まりました。そしてその翌日、ヨーロッパでは各国のポピュリストリーダーがドイツで一堂に会し、そこでアメリカのトランプに続いて、今度はわれわれがヨーロッパを変えていこうと気勢を上げるということがありました。

写真1は、そのときのフランス、オランダ、ドイツのポピュリスト指導者たちです。右側の女性はマリーヌ・ルペン、左側の男性は、オランダの自由党というポピュリスト政党のウィルダース、真ん中の女性はドイツのＡｆＤの当時のリーダーだったペトリです。ある意味でナショナリストを代表するこの指導者たちが、にこやかに笑いながら仲よく写真に納まる

写真1

（写真提供：ロイター＝共同）

ということ自体、これまでだったら考えられなかったことでしょう。

このようにヨーロッパ各国では近年、ポピュリストが存在感を増しており、その中で二〇一七年、フランスやオランダ、ドイツで選挙が行われました。その前年、二〇一六年にはイギリスでEU離脱の是非を問う国民投票があったのはご承知の通りです。そして二〇一七年には、図らずも日本でも総選挙が行われ、希望の党、そして立憲民主党といった新党が出現して議席を獲得しました。日欧の双方にとって、二〇一七年は激動の年だったといえましょう。

1　既成政党の不振、二大政党の弱体化

私はヨーロッパ政治、なかでもオランダの政治を専門としていますので、オランダの話も加えながら、二〇一七年の変化を概観したいと思います。次のような

ことが言えると思います。

一つ目は、二大政党の弱体化です。オランダでは二〇一七年三月に選挙が行われましたが、その得票率を見ると、既成保守政党のキリスト教民主アピールは一二・四％、最大の左派政党で、かつては首相を擁していた労働党はわずかに五・七％でした。八〇年代にこの二党で七割もの票を得ていたにもかかわらず、今回、この二大政党の得票率を合計しても二割に満たないという、惨憺たる結果に終わっています。

フランスも同様です。フランス大統領選挙の第一回投票では、共和党のフィヨンは一九・九％、社会党のアモンは六・四％でした。フランスの左右を代表する既成政党の大統領候補者の得票率を足し合わせても二六％程度という、低水準に終わったわけです。

九月にはドイツ連邦議会選挙が行われましたが、二大政党いずれもが戦後最低レベルの得票率でした。その状況下での連立政権の樹立は、どの組み合わせであっても容易ではありません。

日本でも選挙が行われましたが、野党第一党の民進党は衆議院では事実上の消滅状態です。自民党にしても得票率は改善されていません。その意味では、日本でもヨーロッパでも共通して既成政党の不振、二大政党の弱体化を見て取ることができるでしょう。

2　危機に立つ中道左派政党

こうした中で、特に注目すべきことは、中道左派政党の混迷です。これは保守政党よりもさらに深刻です。実は二〇一六年から一七年にかけて、フランス、ドイツ、オランダ三国の社会民主主義政党で、共通する展開がありました。いずれにおいても、二〇一七年の選挙を目前にして、党のリーダーや大統領候補、党首が交代を余儀なくされたのです。

フランスでは、社会党のオランド大統領が次の大統領選挙に出るかと予想されたものの、支持率を回復することができず、降りることとなりました。代わって社会党の大統領候補になったのは、バルス前首相を予備選で下したアモンです。ドイツでは、首相候補として出るはずだった社会民主党のガブリエルが、支持率の低迷の中で降りざるを得なくなり、シュルツへ交代させられています。オランダも同様の展開がありました。

いずれの展開も似ています。すなわち、EU統合賛成、グローバリゼーション容認の立場を示す「現代的な」社会民主主義政党、しかも与党として「痛みを伴う」政策を実施する当事者だった社会民主主義政党に対し、従来の支持層である労働者層、そして社会的弱者の人々が背を向けたという現象です。支持率の低迷に驚いた党側は、党指導者の交代で、何とか生き残りを模索します。しかし、党首をすげかえても浮上できず、沈み込んでしまう。それが、フランス、ドイツ、オランダ各国の社民政党において共通して起きたことです。またイタリアにおいても、中道左派政党たる民主党は、国民投票の敗北を受けて首相を交代させざるを得なくなりました。このように、大陸ヨーロッパでは、各国で社会民主主義政党が存亡の危機に立たされているわけです。

このような「中道左派の危機」は、日本も無縁ではありません。二〇一七年の衆議院における民進党の事実上の解体は、大陸ヨーロッパの仲間たちよりさらに劇的な展開でした。日欧の中道左派政党は、やはり同じような道を歩んでいるのです。

3　共通する「四つどもえ」の構造

その結果、各国での政党の配置が大きく変容しています。

まずフランスです。フランスの従来の政党の配置は、図6−1の四つの象限で示したように、右上には共和党、中道右派、左上には中道左派、社会党でした。横軸は、「右対左」の左右対立軸を示します。この二大政党による左右対立構造に、新たに加わったのがマリーヌ・ルペン率いる国民戦線（右下）と、メランション率いる急進左派の「不服従のフランス」（左下）です。縦軸は、「既成政治志向」対「ポピュリズム志向」を示します。こうして今や、右にも左にもポピュリスト系の政党が誕生し、社会党と共和党という既存の政党を脅かすようになってきたわけです。こうした中で漁夫の利を得たのがマクロンとなります。

図 6-1　フランスの政党配置

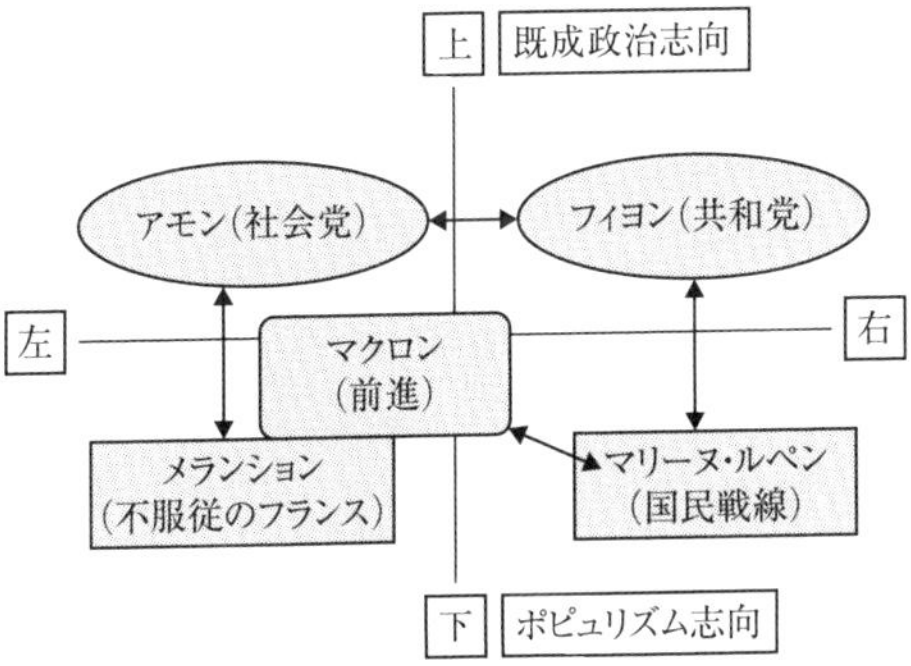

図 6-2　ドイツの政党配置

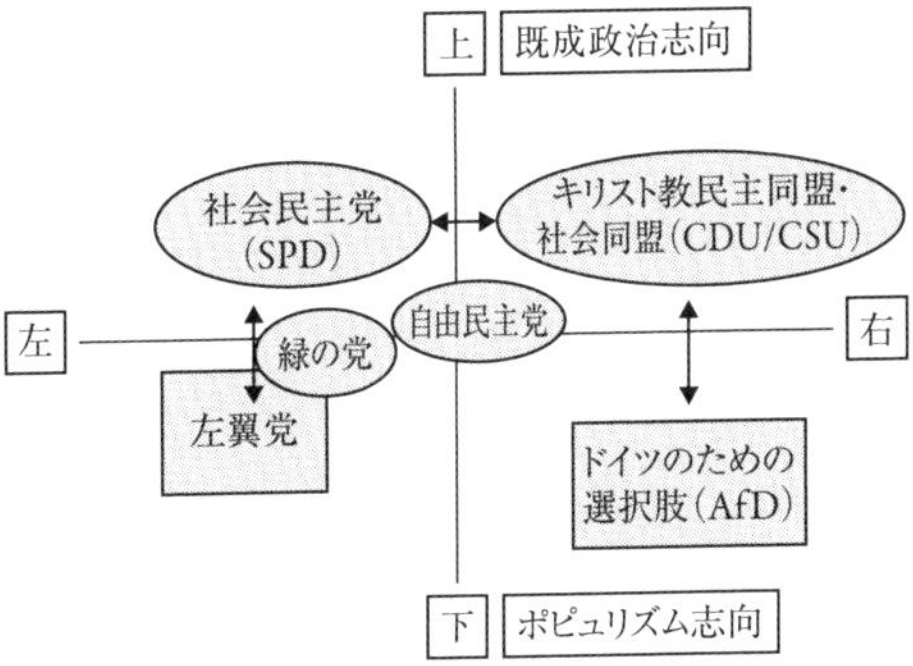

この四つどもえの構造は、ドイツにも見出すことができます（図6－2）。かつて、右上のCDU／CSUと左上のSPDの争いだったのが、今や右下に位置するAfDと、左下に位置する左翼党を加え、この四極で相争う状態となっているわけです。

イタリアの場合、右上にはフォルツァ・イタリア、左上には民主党という形で、従来型の右対左という対立構図が近年まで続いていたわけですが、そこに五つ星運動という、真ん中やや下、右とも左とも言い難いポピュリストが出てきて、今やそれが単独政党として既成政党に伍するまで勢力を拡大しています（図6－3）。そして右下には、以前からあった右派ポピュリズムの北部同盟（二〇一八年に「同盟」と党名を変更）が存在し、四つどもえの

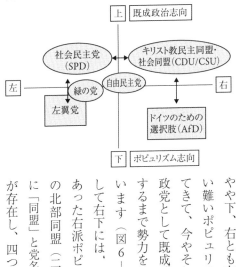

図 6-3　イタリアの政党配置

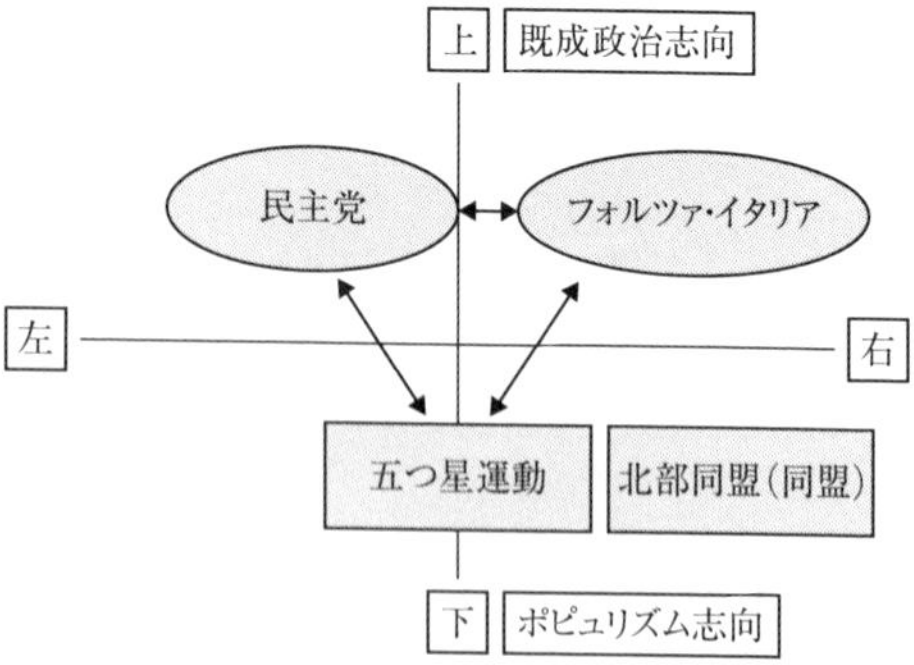

図 6-4　イギリスの政党配置

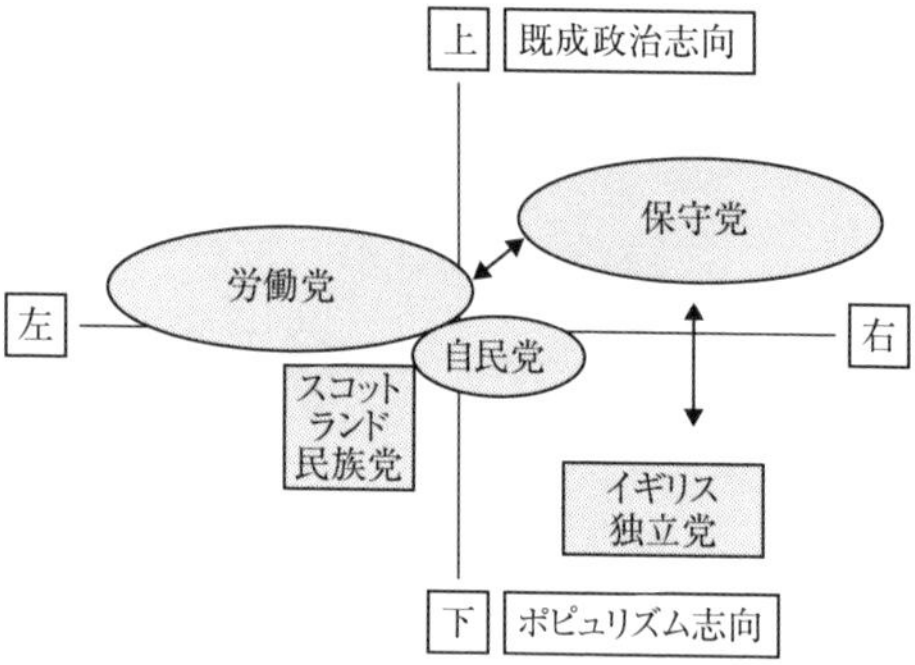

構図を形成しています。

　こうした状況と比較した場合、イギリスでは二大政党がそこそこ元気な状況です（図6－4）。労働党が、なぜ他の社民政党と同じ衰退の道を歩んでいないのか、これは興味深い問題です。一つの理由としては、党首のコービンが左派路線を歩むことで、左派系の若者層の支持を集めることに成功していることが挙げられます。アメリカならサンダース、フランスならメランションを支持したような左派の若者たちを、労働党につなぎとめることができたといえるでしょう。

では日本はどうか。日本ではかつて、自民党対民主党（民進党）という、右派対中道左派という対立構図があったわけですが、二〇一七年に入って、この民進党から多くの議員が希望の党へと移る。民進党の参院議員はまだ残っていますが、党としての存在感は大幅に失われ、代わりに出現したのが希望の党です。この希望の党は、小池百合子がポピュリスト的な手法を用い、既成政治への対立軸を示したことで、一躍、台風の目となった政党でした。とはいえ希望の党は、さまざまな問題を抱えており、特に例の「排除」問題が報じられ、勢いが相当殺がれました。

こうした中で、空白の左下の領域に出てきたのが立憲民主党です。左派の無党派層が、立憲民主党に強い支持を寄せた。枝野現象です。こうして日本でも四つどもえの状況が生じたわけです（図6－5）。アメリカのサンダース旋風、フランスのメランション現象、イギリスの

図 6-5　日本の政党配置

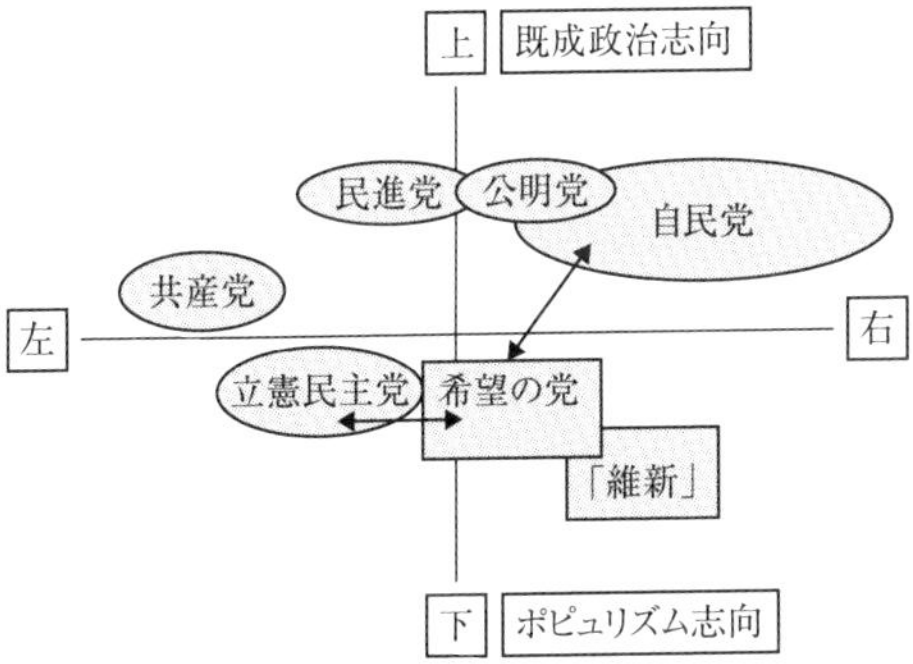

コービン支持の流れが、日本にも及んだといえるでしょう。

このように二〇一七年は、まさに日欧において、形は違えども共通の展開が生じた年でした。ヨーロッパでも日本でも、二大政党の弱体化が進み、右のポピュリズム、左のポピュリズムを含めた新しい勢力の躍進が顕著でした。各国の政治は、一見ばらばらに展開しているようで、実はそのロジックは通底しています。

＊

最後に、より歴史的視点から、二〇一七年を振り返ってみましょう。実はこの年はヨーロッパにとって、本来は記念すべき年でした。ＥＥＣを誕生させたローマ条約が結ばれたのが一九五七年、それから六〇年になります。それを記念し、ローマでも記念行事が行われましたが、ブレグジットが進むなかで、華やいだ雰囲気はありませんでした。

まさにローマは、かつてヨーロッパで最大の帝国をつくり上げたローマ帝国の中心地でした。「全ての道はローマに通ず」、です。そのローマ帝国を超える政治体を現代ヨーロッパにつくり上げようとするヨーロッパ統合の出発点として、ローマほどふさわしい場所はなかったのでしょう。しかし、「ローマは一日にして成らず」とはよく言ったものです。二〇一七年という年ほど、この格言の意味を、ヨーロッパの指導者が痛切に感じた年はなかったのではないでしょうか。

第Ⅱ部

第7章　トランプ政権とアメリカ政治

待鳥聡史

本章のテーマは「トランプ政権とアメリカ政治」です。しかし、はじめにお断りしておかねばなりませんが、私はトランプ政権とかアメリカ政治に関して、何かビビッドな現地報告をするとか、この人はキーパーソンであるとか、そういうことを述べるわけではありません。さすがにトランプという名前は出てきますが、それ以外に現政権関係者の人名は出てきません。最近の具体的な政策についても、ごく簡単に触れるにとどまります。

理由は比較的単純です。一つには、私が研究や分析の対象にしているのは現代の政治ですが、その際には今まさに起こっていることそのものを扱うというよりも、過去に生じたこと（歴史的文脈）や日々の政治現象の背景にあるもの（制度構造）から現状を考えるというアプローチをとっているためです。もう一つの理由としては、そういった具体的な情報、鮮度の高い情報には、すでに皆さんは日々接していると思うからです。とくにアメリカの場合にはそうです。したがって以下の報告では、そういった鮮度の高い情報を解釈するための枠組みの一つを、提示することにします。

つまり、私がこれからお話しするのは、トランプ政権の現状について、アメリカ政治の歴史的文脈や制度構造の中に位置づけるという試みです。

研究者の話はなかなか結論にたどりつかない、早く結論を言ってくれ、と思われる方も少なくないような印象があります。そこで現状認識と展望を先に言ってしまいます。

まず、トランプ政権が議会の共和党と良好な関係をつくることができれば、重要な政策が実現する可能性は十分にあります。しかし同時に、トランプと彼の政権は議会共和党との関係構築を必ずしも円満に進められておらず、仮に両者の関係が安定するとすれば政権が議会共和党に歩み寄る可能性が高いので、とくに内政面では彼が大統領選挙で唱えたような大規模な政策転換は難しいと、私は判断しています。

では、なぜトランプ政権と議会共和党の関係は円滑ではないのでしょうか。それは、本書第6章で水島先生が鮮やかに示されたように、トランプ自身が共和党の大統領候補として登場しながら、明らかに共和党主流派、議会共和党内部の多数派とは違うということに自分のアイデンティティを求めて当選し、今日まで少なくとも外形上はその姿勢を維持しているからです。

議会共和党と違うことを追求するのが政権のアイデンティティなのであれば、両者の関係が円満になるとは考えづらいといわざるを得ません。しかし、アメリカ政治の制度構造から、政策を実現させるために政権と議会多数派との協調（部門間協調）を必要としますので、円満な関係にならない限り、新規の政策はほとんど展開できません。

1　協調が続かないトランプ政権と議会共和党

この点について、少し詳しく述べましょう。アメリカの政治では近年、共和党と民主党という二大政党間の対立が、非常に激しくなっています。政党間の関係が対立的になるにつれて、議会と大統領の間の対立（部門間対立）は抑制される傾向が過去三〇年以上にわたり、長く続いています。今日のアメリカ政治の基調は政党間対立なのです。

しかし、議会共和党との対立も辞さないトランプ大統領の登場によって、政党間対立から部門間対立へと基調が変わるという兆しすら見られるようになっています。

そういった部門間対立、つまり、議会で多数を占める共和党との良好な関係をつくれないということが、議会での多数派形成を迂回し、大統領令など大統領あるいは政権側の行動のみによって何らかの新しい政策の実現や既存の政策の転換につながる手段への過剰なまでの依存や、過激な発言につながっている可能性があるのではないかと私は考えています。

とはいえ、そのような方法によって生み出せる変化は、とりわけ内政面では限定されていることに注意が必要です。おおもとをたどれば憲法に由来する制約ゆえに、議会との関係が円滑化し、政権の方針への支持を議会内の多数派から得られない限り、内政面では政策の展開が難しいのです。ただし、外交・安全保障については大統領のみで決められることが比較的多く、やや様相が異なります。

アメリカの政治の場合、内政面で物事が動かない場合、今までどおりのことが続く、つまり現状維持になります。何事も現状維持では、大統領と政権への支持者の期待は失われてしまいます。そのために、政権側の意向のみによって相対的に変化させやすい、外交面での過剰な強硬姿勢につながるというリスクがあるのではないかと思われます。

この点については、トランプ政権内部の不安定性が解消され、国務長官であるとか補佐官といったポストによい人材が得られれば、あるいはそのポストが埋まってくれれば、政権は安定し、アメリカの政治も安定するという議論があります。また、これまでも政権内部にいる実務能力や国際関係の理解に長けた高官たち（しばしば「大人たち」という言い方がなされます）が、外交については予想以上に安定させてきたという指摘もあります。二〇一八年に入って「大人たち」が続々と政権を離れているのが懸念されるのは、そのような理由からです。

それは一面の真理だと思います。とくに外交・安全保障についてはそうだといえるかもしれません。ただ、私の理解では、それは議会との対立関係が解消していないことに比べると効果が弱いので、とりわけ内政面では過度に注目しないほうがよいのではないかと思います。

今後の展望についても先に少しだけ述べておきましょう。状況が変わる可能性はあるかというと、二〇一八年の中間選挙、それから二〇年の大統領選挙を前にして、議会共和党が歩み寄って、それをトランプ政権が受け入れた場合、あるいは政権が議会共和党に歩み寄った場合に、変化は生じる可能性があります。一七年末に成立した、大規模減税を含む税制改革は、政権が議会共和党に歩み寄ったという性格が強いものでした。

このような動きが繰り返されれば、政策変化は内政面でも大きくなるでしょう。ただし、トランプ政権が継続的に議会共和党に歩み寄るとまで現時点で想定するのは難しいですし、議会共和党が政権に歩み寄るパターンが一般化するには、政権の方針があまりにも安定していません。予測は難しいのですが、両者の協調が安定的に続くと見るのは楽観的に過ぎると、私には思われます。

2　憲法制定時のアメリカ大統領制

なぜそのように考えるのでしょうか。以下では、ここまで先取りしてきた結論の根拠を述べていきましょう。まずは歴史的な文脈です。

アメリカは大統領制を採用する代表的な国だと思われていますが、そもそも一八世紀末に合衆国憲法がつくられた当初、政策決定の主役は議会でした。アメリカがイギリスから独立する際に「代表なくして課税なし」というスローガンを掲げたことはよく知られていますが、「代表」とは議会への代表のことです。当時は、議会こそが民意を最も明瞭に体現する存在だと考えられていたのです。この考え方は憲法にも反映され、議会には政策決定の主役として多くの権限が与えられました。

しかし、民意を体現する存在であることと、議会が常に妥当な政策を選択することとは異なります。このことは、アメリカが独立してから合衆国憲法を制定するまでの一〇年に満たない期間に、既に表面化していました。建国当初のアメリカでは、別々に成立した植民地を前身とする州（正確には「邦」ですが、ここでは便宜上「州」と表記します）が、ほとんどの政策を決めていました。ところが各州の政治では議会が強力になりすぎて、客観的に見れば妥当性を欠く政策を次々に決める傾向が生まれました。その弊害は、アメリカという国家そのものの存続を危機に陥らせかねないほどでした。

このような状況を「多数派の専制」と呼び、州が決められる政策の範囲を狭め、かつ中央政府（連邦政府）においては議会を抑制する仕組みを取り入れることこそ、合衆国憲法制定に当たった人たちにとっての最重要課題でした。そこで編み出されたのが、大統領と議会の間の権力分立だったのです。言い換えれば、アメリカの大統領は、特定の多数派に議会が牛耳られて「多数派の専制」が生まれたときに政策がある特定の方向に誘導されるのを抑制したり、あるいは議会内部が膠着状態になってなかなか政策が決まらないときに決定を促す存在として置かれたポストでした。

合衆国憲法の規定にも、その考え方が反映されています。大統領には憲法上、特定の考え方に依拠した政策が決められようとするのを阻止する拒否権と、必要な政策が打ち出せないようなときに決定を促すための勧告権（教書の送付権）、この二つの権限しか内政面では与えられていません。

つまりアメリカの大統領は、積極的に政策を打ち出してリードする存在ではなく、議会を抑制するための存在として出発したわけです。そのような存在ですから、議会が特定の考え方に染められてしまっても、大統領はそこから超然とした国父であることも期待されました。初代大統領のワシントンは、まさにそのような役割を演じ、アメリカの大統領像を確立しました。

3 「現代大統領制」の出現

ところが、間もなく大統領は超党派的な国父というよりも、対立のある争点について特定の立場にコミットする存在に変わっていきます。背景には二つの変化がありました。

一つは、アメリカの政治において政党が出現し、その存在感を強めていったことです。大統領候補が政党ごとに擁立されるようになると、当選後に超党派的な存在になるのは容易ではなくなってしまいます。自らが所属する政党の立場とも無関係ではいられないことは、いうまでもありません。

もう一つは、大統領を有権者から遮断し、超然とした存在にする効果が期待された間接選挙制が機能しなくなったことです。アメリカ大統領選挙における間接選挙制とは、一般有権者が大統領候補に投票するのではなく、有権者がまず大統領選挙人を選び、その大統領選挙人が自らの見識に従って大統領を選出する仕組みです。一九世紀の半ばになりますと、この方法が空洞化します。すなわち、政党がリストアップした選挙人が各州で選出され、その政党が擁立した候補者に投票するという、こんにち見られる選挙の方法に変わってきます。

これらの変化の結果として、大統領は二大政党のいずれかに所属し、事実上有権者から直接選ばれる存在になります。それは、もともと議会に体現されていた民主主義の行き過ぎを抑制するための存在であった大統領が、むしろ民主主義的な存在へと変化したことを意味していました。

さらに二〇世紀に入りますと、連邦政府の役割が拡大します。アメリカでは南北戦争後の一八六〇年代後半頃から、産業革命が始まります。農業中心の経済から工業中心の経済へ、農村中心の社会から都市中心の社会へ、そして州中心の政治から連邦中心の政治へと、アメリカは大きく変わります。これらの変化の結果、全国的な政策課題が増加する一方で、世界一の工業生産力を獲得したアメリカの国際的な役割も飛躍的に増大しました。すべて連邦政府の存在を必要不可欠にする変化でした。

かくして、役割が拡大した連邦政府の政策決定を、大統領が主導するようになるわけです。合衆国憲法が議会を政策決定の主役として想定したのは、内政面では連邦政府の役割が小さく、国際的にはアメリカが小国であることを前提にしていたためでした。だからこそ、素人集団であり、多数の人間が集まって意思決定をするという困難を抱える議会が主役になれたのです。しかし、それはもはや無理な相談でした。大統領は一人しかおらず、少人数のスタッフと協議すれば意思決定ができるため、新しい状況や課題に適合的だったのです。

それが最終的に固まるのが、一九三〇年代のニューディールの頃ということになります。つまり、当初とは配役が入れ替わって、大統領が主役で議会が脇役になった。それが、基本的には今日まで続く「現代大統領制」という仕組みです。

現代大統領制に対して、大統領があまりにも政策過程を主導し過ぎているという反発も生じてくることになり、ウォーターゲート事件やベトナム戦争といった経験をした後に、一九七〇年代には連邦議会がかつての役割を回復させようとする動きも一時的に見られます。ですからこの時期には、議会と大統領との対立関係はかなり深刻化しており、八〇年代にもその対立は残りました。

しかし、一九九〇年代になりますと、今度は政党間の対立が強まってきます。後ほどもう少し詳しく述べますが、民主党と共和党がそれぞれリベラルと保守という二つの立場に固まり、二大政党の間で合意が得られなくなるという「分極化」が見られるようになると、大統領もまたその分極化の一方の担い手として、政党間対立の中にみずからを投じていくことになるわけです。

4　アメリカ大統領制の制度的特徴

このように歴史的には、アメリカ大統領の役割は変わってきています。では、視点を変えて制度構造から見た場合にはどうでしょうか。

大統領制を採用している諸国における大統領の影響力について、現在の比較政治学では、憲法から付与された権限か、あるいは政党のリーダーとしての役割、つまり党首としての権力か、いずれかにその源泉があると考えます。ラテンアメリカやアジアに大統領制の国は多いのですが、どの国でもおおむね大統領は、憲法上の権限か、党首としての権力のどちらかを持っています。

しかし、アメリカの大統領の場合、そのいずれについても乏しいという特徴があります。憲法上の権限については、先ほど述べた通り限定的です。党首としての権力は、主として議会に自党の勢力を拡大するために大統領の役割が大きいかどうかに依存しています。議会選挙での候補者公認や政治資金の配分に関係する影響力行使ですが、アメリカの大統領はほとんどできないのです。議会選挙での候補者擁立は地方組織に委ねられていますし、政治資金の配分には関与していません。

これは誰が大統領であっても同じです。たとえば、トランプ大統領が議会選挙のときに共和党候補を公認するかといえば、そんなことはしません。あるいはトランプ大統領の支援が共和党の議会選挙における帰趨に対して決定的な影響を及ぼせるかと言われたら、その範囲はごく小さいのです。

憲法上の権限も、党首としての権力も乏しいために、アメリカの大統領は、議会や政権内部の閣僚・補佐官といった人々に、自らの考えを受け入れてもらって、初めて影響力が行使できる存在にとどまらざるを得ません。

考えを受け入れてもらうための方策としては、もちろん正面から議論して説得するという方法もありますが、現在ではメディアや世論の積極的な活用も重要だとされています。先ほど歴史的展開をお話しした際に、ニューディール期以降に現代大統領制が成立したと申し上げました。現代大統領制になると、一般有権者やメディアは大統領に注目し、政策過程を主導する役割を期待します。この期待を活用し、たとえば議会で多数派形成が難しそうな場合であっても、世論やメディアを通じて議会をいわば外側から包囲することによって、大統領の意向を受け入れさせるというわけです。

その際に活用されるメディアは、もちろん時代によって変わります。かつてフランクリン・ローズベルト大統領はラジオで「炉辺談話」を行って世論に訴えかけました。テレビが活用される時代は戦後長く続きました。現在のトランプ大統領はツイッターです。言い換えれば、トランプのツイッターでの暴言に近い発言も、このような文脈の上にあるのです。

5　大統領のディレンマと分極化

トランプに限らず、今日のアメリカの大統領は、現代大統領制が出現して以来続く有権者からの高水準の期待と、制度構造に起因する影響力行使の手段の乏しさの間で、深刻なディレンマに直面しています。

このディレンマが最も具体的かつ切実に表れるのが、議会における多数派形成の局面です。アメリカの大統領制は議会が政策決定の中心になるという基本構造を維持しているために、大統領が重要な政策課題に取り組むためにはどうしても議会の支持を確保する必要があるからです。

大統領に、議会を迂回する手段が全くないわけではありません。本来であれば立法を要すると思われる政策について、大統領令（行政命令や大統領覚書）を用いて対応すること、あるいは外交において条約の代わりに上院の承認を必要としない行政協定によることなどは、迂回手段として一般的ですし、近年では重要性が強まっているという指摘もしばしばなされます。

ただし、これらは用いられる範囲が拡大するほど憲法上の疑義を生み出しますので、裁判所が差し止める恐れも強まります。実際、トランプ大統領は就任直後にイスラム教徒の入国について厳格な要件を求める大統領令を出しましたが、裁判所によって一部が無効とされました。迂回手段はやはりメインルートにはなりえないのです。

したがって、やはり議会の多数派からの支持をいかに調達するかが、大統領にとっては最も大きな課題というべきでしょう。その方策として最近注目されているのが、自党（政権党）の議員に頼ることです。

その背景にあるのは、議会における政党の一体性の高まりです。図7－1をご覧ください。この図は、議会の中で個々の議員の投票結果が残る「記録投票（点呼投票）」のうち、二大政党それぞれの過半数の賛否が分かれた場合に、党内がどれだけまとまっているかを示す数値の変化を、ジョンソン政権二期目の始まりからオバマ政権の終わりまで表したものです。

図 7-1　政党一致度（1965〜2016）

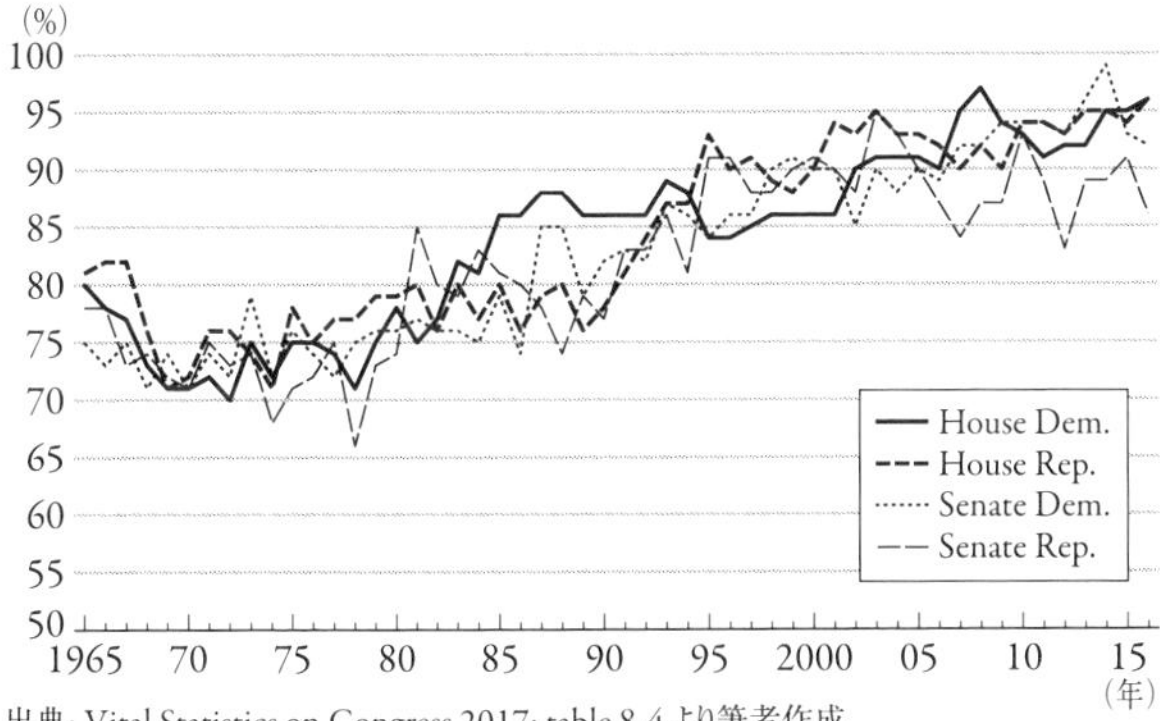

出典: Vital Statistics on Congress 2017: table 8-4 より筆者作成

一九七〇年代半ばには、二大政党の賛否が分かれている場合でも、およそ二五％程度の議員は党内多数派とは異なった投票を行っていました。それが今日では、その比率は五％とか一〇％にまで低下しています。つまり、党内の九割はまとまって同じ投票行動をとるようになったというわけです。

また、図には示していませんが、二大政党の賛否が分かれる採決も増加傾向にあります。二大政党間の対立は深刻化し、かつ各政党の党内は以前よりもはるかにまとまりがよくなっている、というのが現在の状況です。

こうした変化が生じたのは、アメリカの政治全般さらには社会において、保守とリベラルの対立が先鋭化しているためだと考えられています。共和党は以前よ

図 7-2　大統領勝率（1965 ～ 2016）

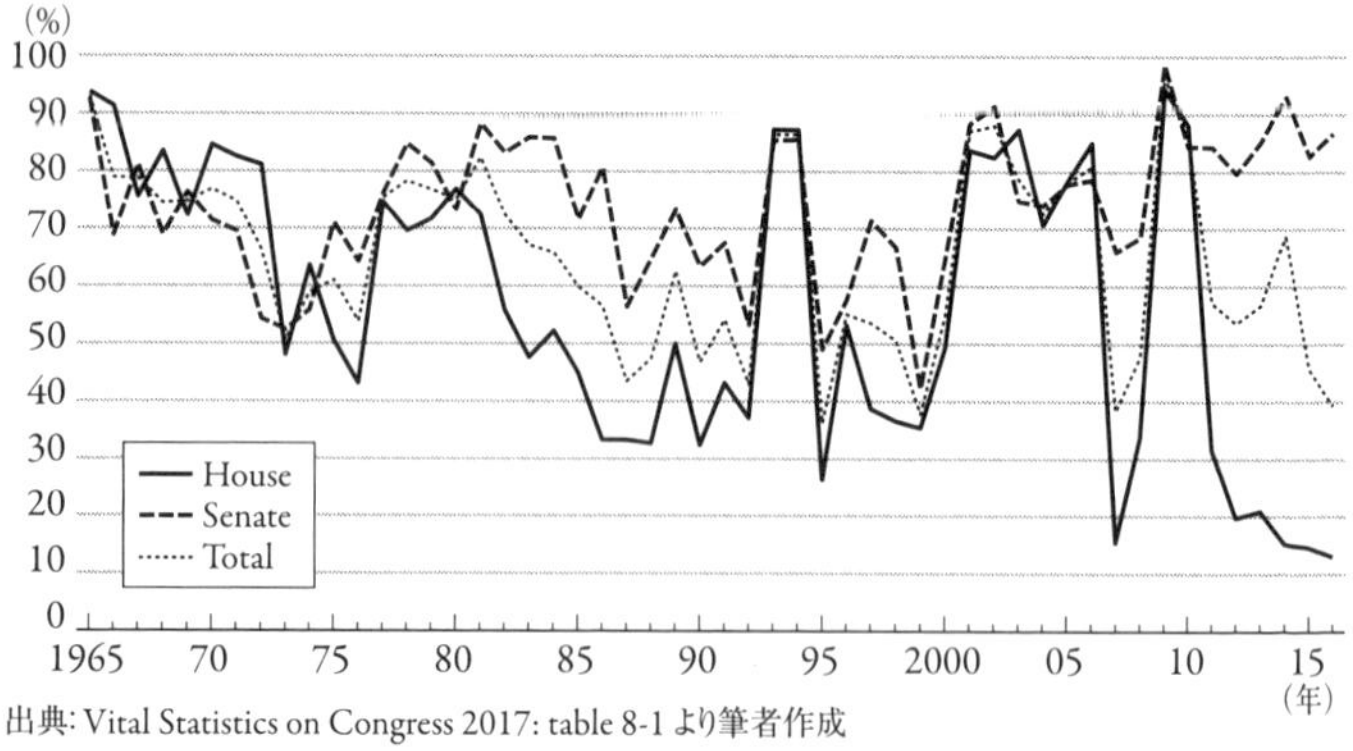

出典: Vital Statistics on Congress 2017: table 8-1 より筆者作成

りも保守色を強め、民主党はリベラル色を強めて、両者の妥協の余地が著しく狭まっているのです。先にも出てきた分極化という言葉は、このような状態を指して用いられます。

政党間の関係が分極化しているのであれば、大統領としては当然ながら、自党の議員が政権の方針を支持してくれることが期待できるようになります。逆に、他党の議員が支持してくれることは望み薄です。

実際にも、近年では大統領勝率が乱高下するようになっています（図7−2）。大統領勝率とは、大統領が賛否を明確にした議案について、議会が大統領の意向に合致する採決結果を出した比率です。これが乱高下しているのは、政権党が議会の中で多数を占める「統一政府」の場合には大統領が自らの方針を通しやすく、そうでない「分割政府」になると政権側の意向は議会で受け入れられない傾向が強まっていることを意味します。

このことを大統領の側から見た場合には、統一政府のときにみずからの政策課題を実現しておくことが必須で、分割政府になるとまず無理ということになります。一九九〇年代のクリントン政権の時代には、分割政府のときにも対立する二大政党の中間に大統領が立場をとって政策を実現していくという手法が使えましたが、分極化がさらに深刻化した現在では、それはもはや難しくなっています。

国内対立の克服と変革を訴えて登場したオバマ大統領も、結局は分極化に巻き込まれていきました。二〇〇九年にオバマ政権が発足したときには民主党の統一政府で、それを活用することにより、不可能と言われていた医療保険改革を共和党の反対を押し切って実現させました。しかし、その直後の二〇一〇年中間選挙で分割政府の状態になってからは、内政面での成果はほとんど得られなくなりました。オバマは、先ほど申し上げた迂回手段である大統領令を使って移民制度改革などを進めようとしますが、裁判所に退けられました。

6　トランプは「普通の共和党大統領」になるのか？

ここまで申し上げてきたところから、アメリカ大統領にとっては議会で政権の方針を支持してくれる多数派形成が依然として決定的な意味を持つこと、そして今日ではそれを議会にいる政権党議員に依存する傾向が強まっていることが、お分かりいただけたのではないかと思います。

トランプ政権の場合、現在は共和党の統一政府です。統一政府のときには政権党が議院内閣制における与党のような行動をとり、大統領勝率が著しく高まるという近年の傾向からいえば、基本的に大きなチャンスが与えられているはずです。

しかし、そういう状況を生かせるような、政権と議会共和党との良好な関係は安定的に築けていません。むしろ両者は対立する場面も少なくなく、統一政府の活用どころか、ニクソン政権期やカーター政権期を思わせるような、政党間対立以上に部門間対立（大統領と議会の対立）が深刻化する兆しさえ感じられます。

もちろん一年目にも、最高裁判事に保守派とされるゴーサッチ氏を任用したり、大規模な法人減税を中心とした税制改革を実現させるなど、政権と議会共和党の協調によって大きな成果が得られた場面がなかったわけではありません。

そうした成果はおおむね、トランプ大統領が二〇一六年の選挙期間中から独自の政策として訴えてきたものではなく、議会共和党の多数派がかねてから求めてきた政策です。つまり、今までのところは政権側が議会共和党に歩み寄ったときにのみ、重要な政策が実現しているのです。

この傾向が近い将来に逆転し、議会共和党が政権側に歩み寄って、たとえばメキシコ国境への壁の本格的な建設や北米自由貿易協定（ＮＡＦＴＡ）の全面改定など、トランプ大統領が独自に主張する政策に支持を与える、さらにはそれが安定的に継続するという状況は、想定しがたいように思われます。政権側の方針があまりに異端的で、しかも具体策としては不安定だからです。ロシア疑惑などによって政権が揺らげば、この傾向はむしろさらに強まるでしょう。

議会共和党の多数派、あるいはより一般的に共和党主流派が、トランプの熱心な支持者からの反発を買うような形で、大統領を「見捨てる」印象のある態度をとるとは思えません。部門間対立が強まる可能性はあるとはいえ、やはり分極化の動きのほうが強いために、よほど想定外の展開にならない限り、大統領弾劾なども行われることはないと思われます。

議会共和党としては、恐らくはつかず離れずの距離を保ちながら、政権側が独自性の強い主張を引っ込めて歩み寄ってきたときにのみ協力する、というパターンが繰り返されるのではないでしょうか。

なお、二〇一八年中間選挙では、とくに上院の改選議席の多くに民主党の現職がいるため、通常では考えにくいほどの勝利を収めない限り、民主党が過半数を回復することは難しいと思われます。下院は僅差の予想が多いようですが、さらに二年間、共和党の統一政府が続く可能性も十分にあります。

そうやって四年の任期が終わるとすれば、トランプもまた「普通の共和党大統領」であった、ということになるかもしれません。

7　中長期的な社会変化への影響にも注目を

トランプ大統領について改めて振り返ってみますと、確かに近年のほかの大統領には見られないユニークさがあり、彼が政治家として極めて個性的であることは明らかです。政権の構成を見ても、軍人出身者以外の統治エリートがほとんど参画していないという顕著な特徴があります。それは、共和党の主流派と言われている人たちが、トランプ政権にほとんど参画していないことの裏返しでもあります。その意味で政権全体に独自性があることは間違いありません。打ち出す政策の予測可能性も低くなっています。

だからといって、トランプ大統領と彼の政権が、アメリカ政治の基本構造から離れたところにあると見るべきではないでしょう。大統領が個人として特異な政策を追求しようとしている可能性までは排除できませんが、それに対する議会・裁判所・州といった、アメリカ政治の基本部分を構成するほかの政治アクターの反応を見ると、政治制度の健全性は基本的に維持されているといえます。

もちろん、たとえば大統領令を差し止めるために州政府が訴訟を起こし、それを裁判所が憲法違反であるかどうかを頻繁に審査するのは、あたかも一つの部屋の蛍光灯を消すために家全体のブレーカーを落とすような面倒くさい行為です。しかし、漏電が起こっているわけではありません。

したがって、トランプ政権になってからのアメリカ政治の変化を過大評価すべきではありませんし、アメリカ民主主義の危機といった表現も強すぎると私は考えます。

その一方で、ヨーロッパ諸国においてポピュリズムと総称される、反エリート、反グローバリズム、さらには反移民といった動きは、アメリカ政治の中にも明確にあります。トランプ大統領自身も、政策として実現できているわけではないにしても、そのような動きや、それによるアメリカ社会の分断を促すような言動をしています。

これは短期的には何の影響もないように見えて、中長期的にはアメリカの政治や社会に対してインパクトを及ぼす可能性があります。アメリカにおいて大統領が果たす役割を考えるときに、このような非制度的な側面にも意識を向ける必要があることは確かです。

オバマ大統領のケースを考えてみれば、比較的分かりやすいでしょう。オバマの場合、先ほども少し言及したように、政権後半の六年間には政策面で大きな成果は挙げられませんでした。しかしその間にも、アメリカ社会のリベラルな価値を推進していくための行動を積極的にとり続けました。たとえば、性的少数者の権利擁護や社会的地位向上を目指した動きがそうです。今日の時点から振り返れば、一〇年前に比べて性的少数者の境遇には大きな変化が見られます。大統領と政権の行動の積み重ねが、アメリカ社会のあり方や規範を変えた側面があるのです。

トランプ政権の場合には逆の方向からですが、アメリカ社会に対して中長期的な影響を与えることは、やはり十分にありえます。政治制度の健全性や政策としての実現という観点だけでは捉えきれない部分として、このような中長期的な社会的影響についても、注意深く見ておく必要があるでしょう。

第8章　二〇一七年総選挙と日本政治

谷口将紀

二〇一七年一〇月の総選挙では、自民、公明両党で定数の「三分の二」を維持し、与党が大勝を収めました。自民党はなぜ勝利したのか、憲法の改正の見通しはどうなるのか、立憲民主党と希望の党の違いは何かを中心に、私たちが行った調査のデータを基にお話ししたいと思います。

ここでご紹介するのは、今回の総選挙に際して朝日新聞社と共同して実施した「東京大学谷口研究室・朝日新聞共同調査」のデータです。本調査は選挙前の候補者調査と選挙後の有権者調査の二種類から構成されています。候補者調査は、一一八〇人の候補者全員に対して行われ、このうち一一四二人から有効回答を得ました。有効回答率は九七％です。また、有権者調査は、層化二段階無作為抽出法で選んだ全国三〇〇〇人の有権者を対象に郵送法で行われ、一二月初めまでに一七六七人（五九％）の有効回答を得ました。

1　調査から分かった有権者の傾向

自民党の勝因を考える前に、まず全般的な傾向を見ておきたいと思います。まず、見ていただきたいのは図8－1です。このうち一〇代は、サンプル数が大変少なく誤差が大きいので、度外視して下さい。

図8-1　年齢層×比例投票先

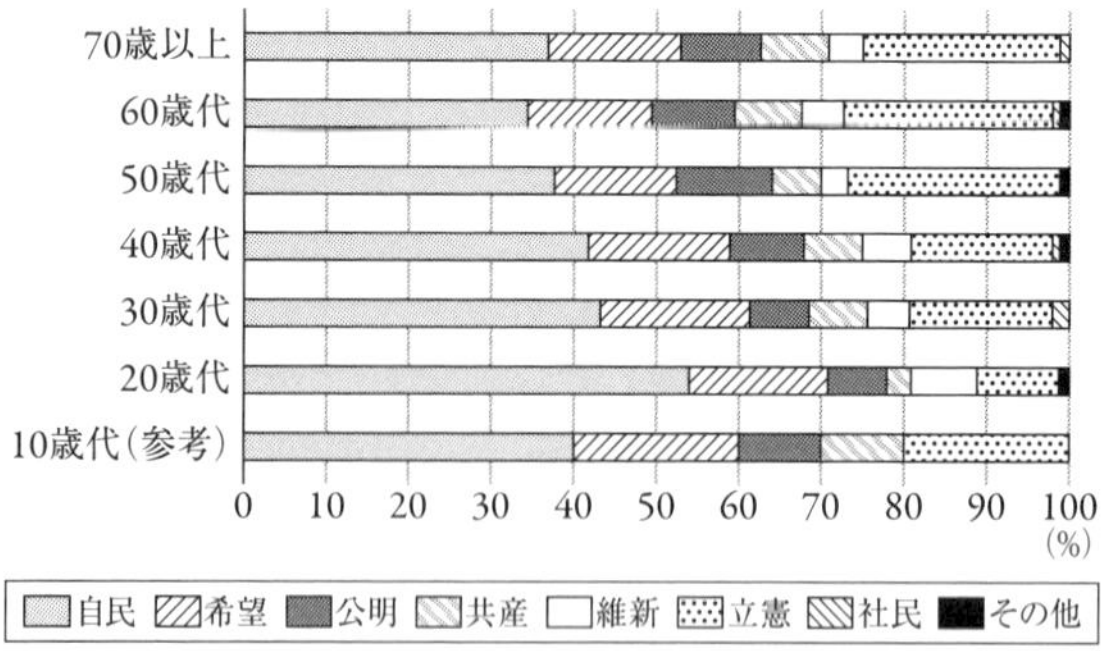

若年層では、実は自民党の得票率が高くなっています。旧立憲民主党には、安全保障関連法反対デモを主催したSEALDsの一部メンバーが応援したとか、公式ツイッターのフォロワー数が自民党を上回るなど、若年層に支持されたイメージがありますが、こうした印象とは逆に、実は五〇歳以上の得票率が高いという傾向が見られます。

図8－2を見てみると、自民党では女性よりも男性からの得票率が高くなっています。しかし、公明党では逆の傾向、すなわち女性からの得票率の方が多くなっているために、与党全体としては相殺されて、性別による偏りは見られません。一方、立憲、希望両党は、性別による得票率の差はあまり大きくありません。

図 8-2　性別×比例投票先

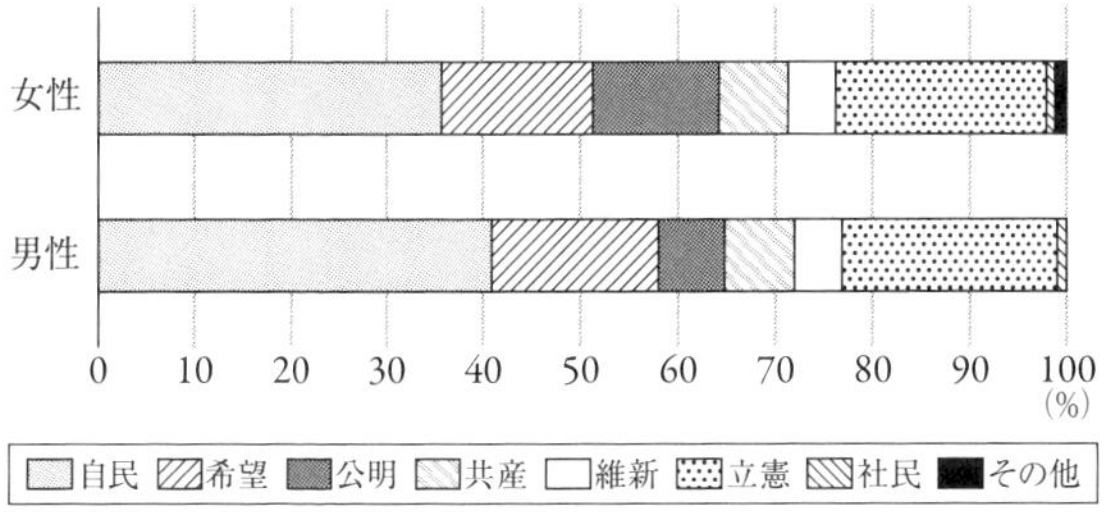

支持政党――政党を「支持する」という言葉には、投票する、好き、政策が近いなど多様な意味が含まれています。そこで私たちは「多くの人が『長期的に見ると、自分は△△党寄りだ』とお考えのようです。短期的に他の政党へ投票することはもちろんあり得るとして、長い目で見ると、あなたは『何党寄り』でしょうか」という質問文で計測し、これを長期的党派性と呼んでいます――別の各党得票率を見ると、自民党寄りの人々のうち、比例代表で自民党に投票した人はおよそ三分の二です（表8－1）。自民党寄りの人の一部が比例代表では公明党に投票したであろう点を考慮に入れても、少し低い数字です。もっとも、自民党寄りの人々自体が前回より増えていますので、選挙全体の行方を左右するほどのことではありません。また無党派層の間では、民進党がこのたび割れたこともあって、自民党が相対第一党となり、それを立憲と希望が僅差で追っているという構図です。

　どの政党に投票するかを決めた時期について、表にしてみました（表8－2）。一番上の「解散前から」から一番下の「投票日当日」までを足し合わせると一〇〇％になります（小数点以下四捨五入のため表記上の合計は一〇〇にならない場合があります。以下同じ)。二〇一七年九月二八日の解散前後に、希望の党が結党されたり、同党への民進党の「合流」があったり、小池百合子代表による「排除」発言が一つのきっかけとなって立憲民主党がつくられたりといった変動があったため、二〇一四年総選挙と比べると、投票先を決めるのが後ろ倒しになっていたことが見て取れます。

表8-1　党派性別投票政党

	自民	希望	公明	共産	維新	立憲
自民（46%）	65	13	7	1	4	9
希望（4%）	5	84	0	7	0	5
公明（5%）	9	4	83	1	1	1
共産（3%）	2	4	4	76	0	12
維新（4%）	22	24	0	0	47	7
立憲（13%）	7	10	1	9	0	72
無党派（21%）	27	20	8	12	6	25

表8-2　比例投票先決定時期

	今回	前回（2014年）
解散前から	32	43
解散から公示日直前まで	15	11
選挙期間前半	14	11
選挙期間後半	24	17
投票日当日	14	19

2　選挙で重視した政策は何か?

次の表8－3は、今回の選挙で最も重視した政策を、有権者と主要政党の候補者それぞれについて集計したものです。

表8-3　最も重視した政策（抜粋）

	有権者	自民候補	希望候補	公明候補	共産候補	維新候補	立憲候補
外交・安保	24	52	6	8	8	0	8
教育・子育て	9	12	24	70	3	75	28
年金・医療	21	6	15	2	4	2	15
雇用・就職	3	3	7	6	7	2	5
憲法	14	1	1	0	71	0	13

表8-4　最も重視した政策×最も上手に対処できる政党

	自民	希望	公明	共産	維新	立憲
外交・安保	83	3	2	0	1	8
教育・子育て	47	6	22	2	3	8
年金・医療	49	9	10	4	4	18
雇用・就職	69	3	9	6	0	9
憲法	28	2	1	15	1	44

政策の選択肢は一六個ありますが、ここでは主要な五個だけを抜粋しています。今回、有権者が最も重視したのは、外交・安全保障政策で、二〇一四年の時よりも約一〇ポイント増えています。ここからは北朝鮮による核・ミサイル問題などから今回の選挙を「国難突破解散」と名付けた安倍晋三首相の戦略が一定程度、有権者に奏功したことが窺えます。

一方で、憲法問題を最も重視する有権者も、前回から一〇ポイント近く増えています。憲法を重視した人の大半は、憲法改正反対派です。

次の表8－4は、「最も重視した政策」について、どの政党が最も上手に対処できるかを聞いたものです。特定の政

図8-3　景気評価

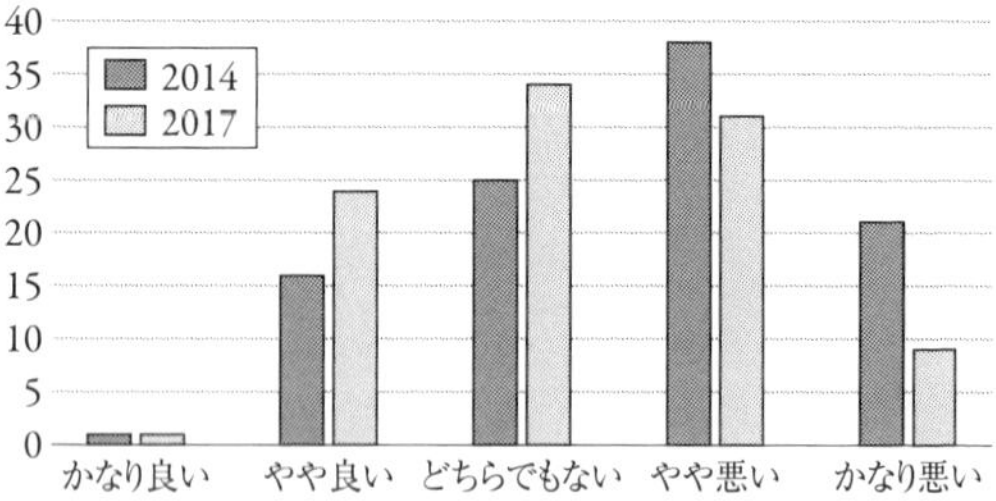

策について、人々はどの政党が一番うまくハンドリングできると考えているかを政治学では「イシューオーナーシップ」という用語で表します。同表は、「外交・安保」「教育・子育て」など各項目の数字をそれぞれ横に足していけば一〇〇％になります。
「外交・安保」政策については、二〇〇九年から一二年の野党時代も含めて、長らく自民党がイシューオーナーシップを保ち続けてきた分野です。これに加えて現在では「教育・子育て」「年金・医療」「雇用・就職」についても自民党が優位に立っていることが分かります。逆に、立憲民主党がイシューオーナーシップを握っているのは、「憲法」「原発・エネルギー問題」で、他の経済政策や外交・安全保障政策よりも相対的に人々の関心が劣る争点に限られています。

その背景にあるのが、人々の景気判断です（図8－3）。依然として平均値は良くも悪くもないという中立点よりも「悪い」寄りにありますが、二〇一四年調査と比べると、景気に対する評価は明らかに好転しています。
これを別の角度から見たのが次のグラフです（図8－4）。これは「好き嫌いは別にして、

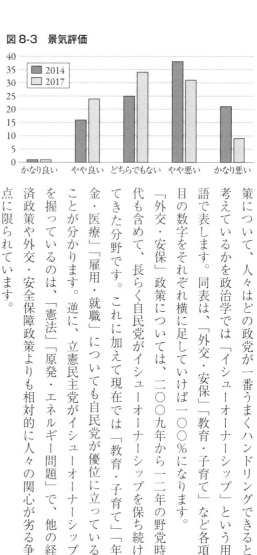

政権担当能力があると思う政党全部に丸をつけてください」と質問した結果です。「好き嫌いは別にして」と断りを付し、さらに複数回答としたにもかかわらず、自民党がほかの政党を圧倒しています。総選挙を政権選択の機会と解釈するのであれば、今回は自民党「一択」の選挙であったと言えます。

3　憲法改正をめぐる調査結果

選挙結果を受けて、目下話題になっているのが、安倍首相の悲願と言われている憲法改正がどうなるかでしょう。一般論としての憲法改正の賛否について、今回の選挙で当選した政治家について見てみると、憲法改正賛成派が三分の二を超えています（図8－5）。しかし、もともと民主党にも憲法改正に前向きな議員が多くいましたから、この調査結果は今回が初めてではありません。

図8-4　政権担当能力のある政党

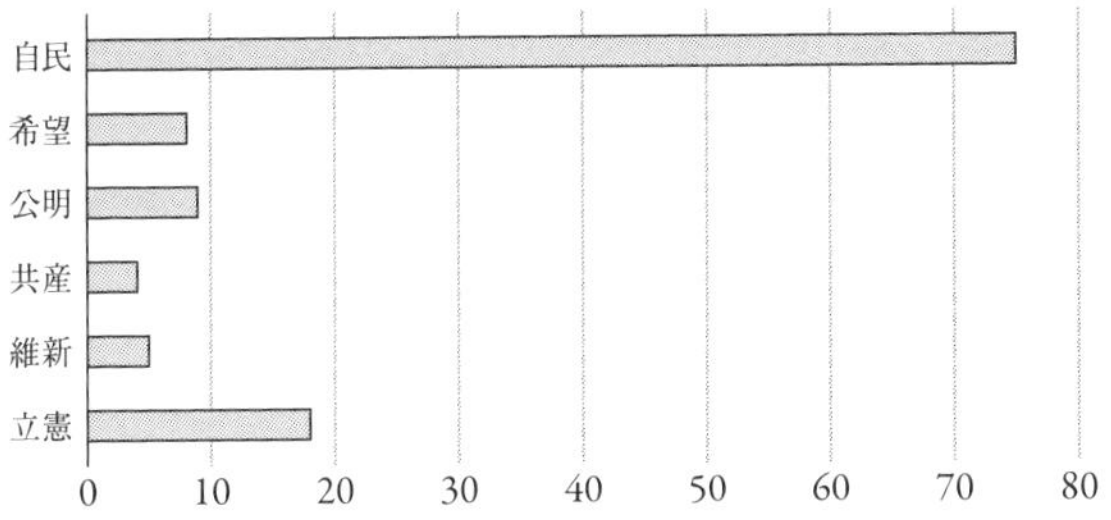

かなり前から見られる傾向です。

有権者について見てみますと、前回・二〇一四年調査と比べると、憲法改正賛成派が増えていますが、二〇一四年調査では前々回・二〇一二年の時から憲法改正賛成派が減っていた

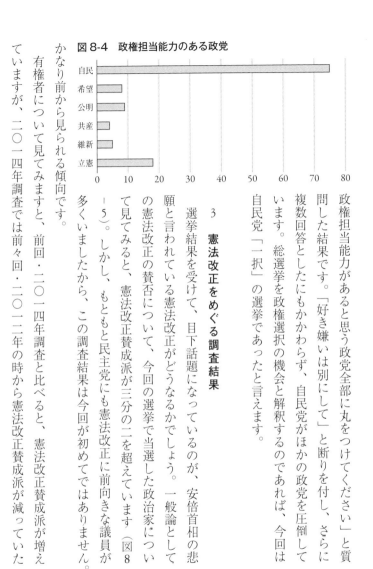

図8-5　憲法改正賛否

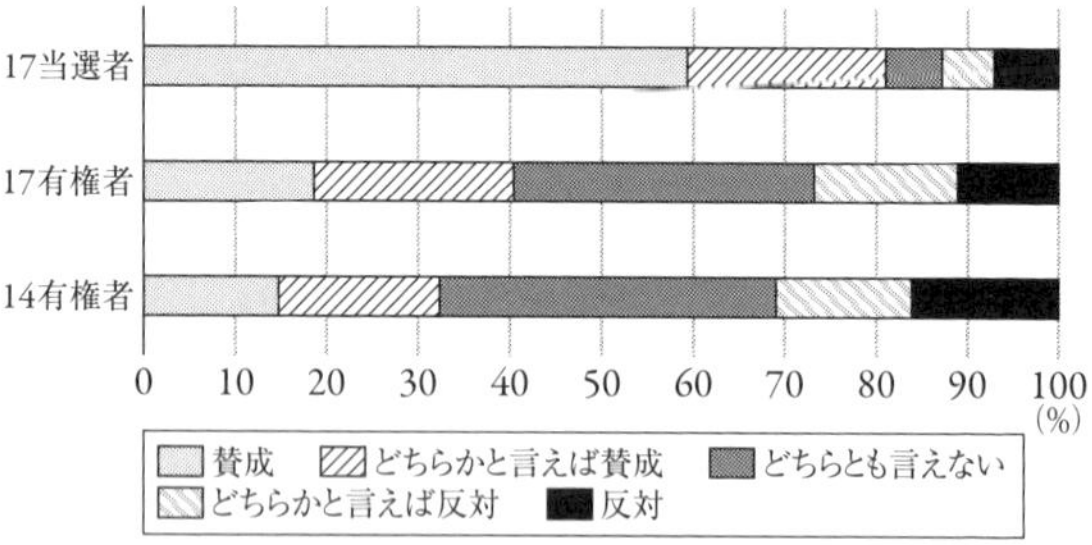

ので、今回は憲法改正派が増えたというよりは、元の水準に戻ったというところです。

この質問で、憲法改正に一般論として「賛成」もしくは「どちらかといえば賛成」と答えた有権者、あるいは当選者に「あなたが最も改正すべきとお考えの項目はどれでしょうか。また、二番目、三番目はどうでしょうか」と質問して得た結果が次のグラフです（図8－6）。

政治家・代議士の場合、改憲すべきとして挙げられた項目が割れています。一方、憲法改正賛成派の有権者では七割以上が九条改正を念頭に置いていることが分かります。先ほど一般論としての憲法改正派は過去から単調増加しているのではないとお話ししましたが、このグラフを踏まえて言い直しますと、今回は憲法改正と言われたときに、多くの人が九条改正をイメージするようになったにもかかわらず、憲法改正賛成派が反対派を上回っているというのが今日の状況ということになります。

安倍首相が掲げた、現在の憲法九条一項・二項はそのまま残しながら自衛隊の意義と役割

図8-6　改正項目

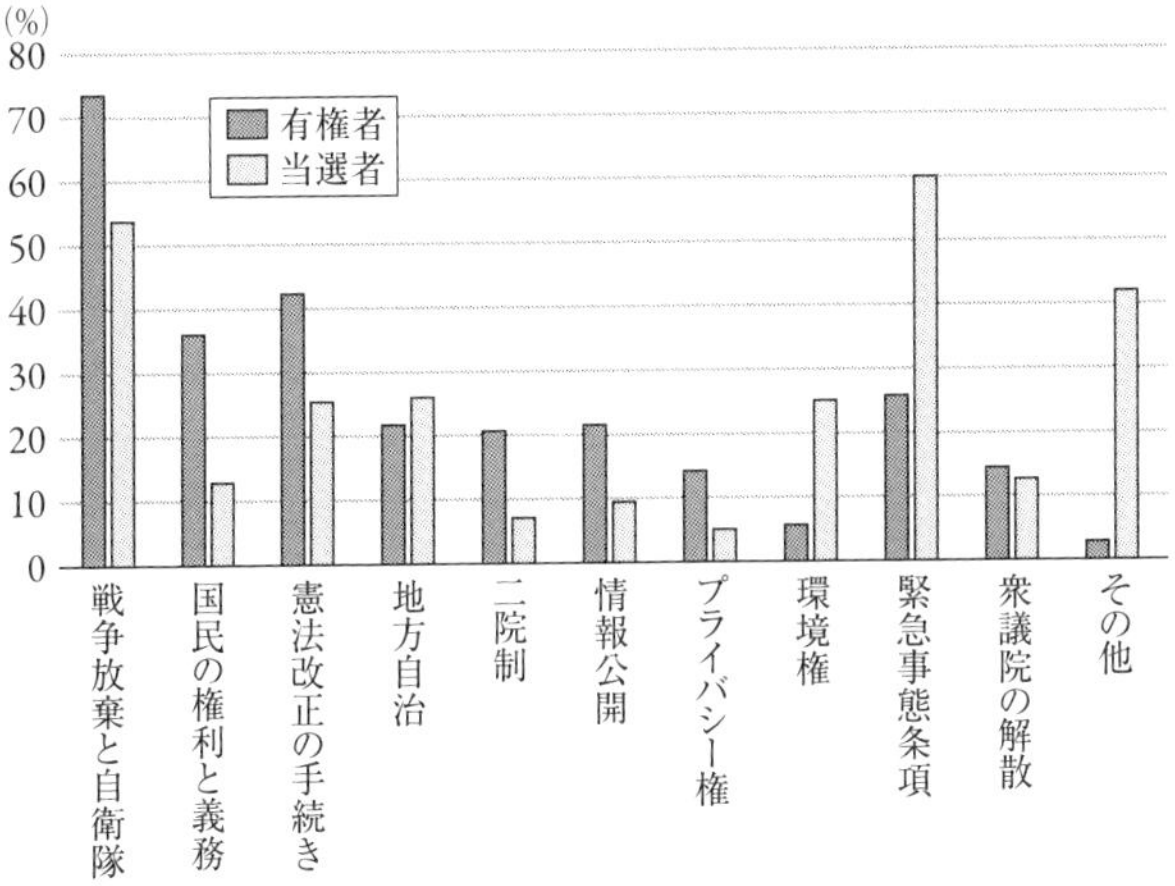

を憲法に書き込む案に対しては、当選者の五一%、有権者の四〇%が「賛成」または「どちらかと言えば賛成」でした。賛成派が反対派を上回ってはいますが、憲法改正発議に必要な総議員の三分の二、国民投票で必要となる過半数を確実にするラインまでは、まだ達していません。

憲法を改正すべきと回答した議員に対しては、いつ改正すべきかも尋ねています（図8－7）。安倍首相は、二〇一七年五月に「二〇二〇年を新しい憲法が施行される年にしたい」と表明しましたが、今回選ばれた衆議院議員の任期中に改正したいと考えている議員は約三分の一にとどまっています。

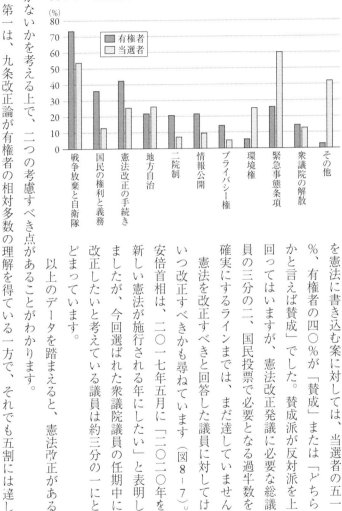

以上のデータを踏まえると、憲法改正があるかないかを考える上で、二つの考慮すべき点があることがわかります。

第一は、九条改正論が有権者の相対多数の理解を得ている一方で、それでも五割には達し

図 8-7　改憲時期

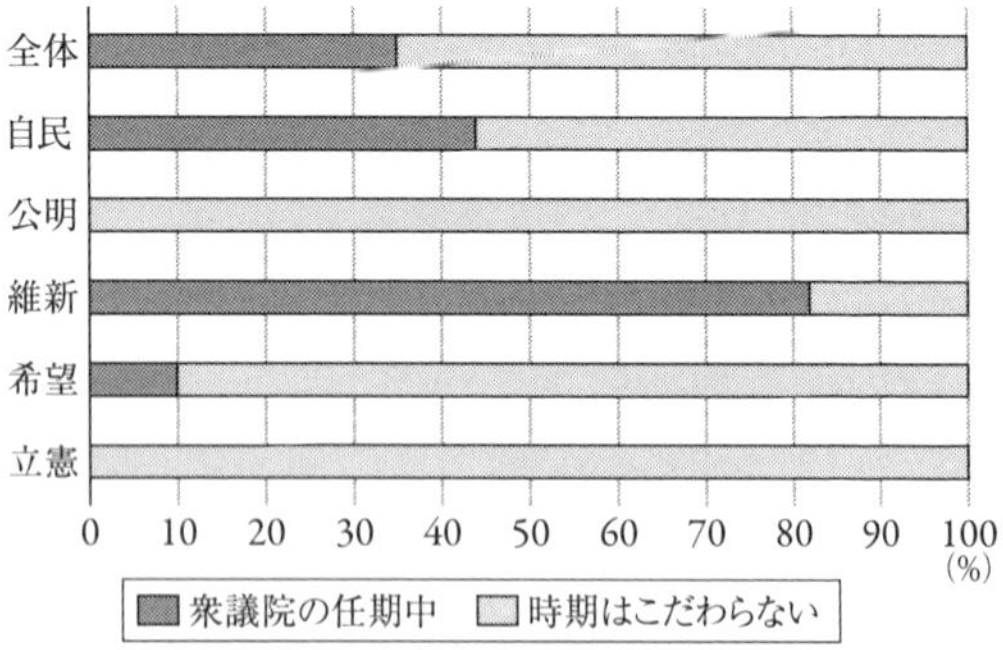

ていないという結果を踏まえて、憲法九条二項はそのまま残して自衛隊を憲法に書き込むという構想に加えて、例えば文民統制を書き込むなど、もう一押しすることによって、過半数の賛成を確保できると見るか、それともこの五割を実現するのは難しいので、改正の対象を九条以外にコンバートするのかという論点です。

第二に、憲法を改正するならばどこを改めるのか、いつ改正するかの両方について、与党内、特に現時点で安倍首相による憲法改正に慎重な構えを取っている公明党をどう説得するかというポイントです。この二点が、今後の注目点になろうかと思います。

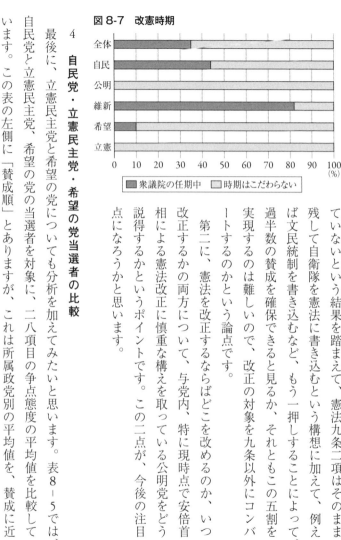

4　自民党・立憲民主党・希望の党当選者の比較

最後に、立憲民主党と希望の党についても分析を加えてみたいと思います。表8－5では、自民党と立憲民主党、希望の党の当選者を対象に、二八項目の争点態度の平均値を比較しています。この表の左側に「賛成順」とありますが、これは所属政党別の平均値を、賛成に近

表 8-5　自民・立憲・希望当選者の争点態度比較

	賛成順	自民-希望	自民-立憲	希望-立憲
防衛力強化	**自希立**	＊＊＊	＊＊＊	＊＊＊
先制攻撃	**自希立**	＊＊＊	＊＊＊	＊＊＊
北朝鮮圧力	**自希立**	＊＊＊	＊＊＊	＊＊＊
非核三原則	立自希		＊＊＊	＊＊＊
靖国参拝	**自希立**	＊＊＊	＊＊＊	＊＊＊
小さな政府	**自希立**	＊＊＊	＊＊＊	＊＊＊
公共事業	**自希立**	＊＊＊	＊＊＊	
財政出動	自立希	＊＊＊	＊＊＊	
教育無償化	**立希自**	＊	＊＊＊	＊＊＊
富裕課税	**立希自**	＊＊＊	＊＊＊	
プライバシー制約	**自希立**	＊＊＊	＊＊＊	＊＊＊
外国人労働者	希自立			
原発再稼働	**自希立**	＊＊＊	＊＊＊	＊＊＊
選択的夫婦別姓	**立希自**	＊＊＊	＊＊＊	＊＊＊
同性婚	**立希自**	＊＊＊	＊＊＊	＊＊＊
被選挙権年齢引下げ	希立自	＊＊＊	＊＊	
一院制	希自立	＊＊＊	＊＊＊	＊＊＊
競争力向上	**自希立**	＊＊＊	＊＊＊	＊＊＊
伝統的家族	**自希立**	＊＊＊	＊＊＊	＊＊＊
原発即時廃止	**立希自**	＊＊＊	＊＊＊	＊＊＊
財政心配不要	自立希	＊＊＊		＊＊＊
規制緩和	希自立	＊＊＊	＊＊＊	＊＊＊
消費税 10％超	**自希立**		＊＊＊	
給付抑制	希自立		＊＊＊	＊＊＊
産業保護削減	希自立	＊＊＊		＊＊＊
ＰＢ先送り	自立希	＊	＊＊	
日銀量的緩和	**自希立**	＊＊＊	＊＊＊	＊＊
憲法改正	**自希立**	＊＊＊	＊＊＊	＊＊＊

＊ >0.1, ＊＊ >0.05, ＊＊＊ >0.01

いほうから順番に並べたものです。このうち、「自民、希望、立憲」、あるいはその逆の「立憲、希望、自民」という並び順になっているものは、太字で示しています。大半の争点について、自民党―希望の党―立憲民主党という順になっていることが見て取れます。

その右側にあるアスタリスク（＊印）は、自民党と希望の党、自民党と立憲民主党、そして希望の党と立憲民主党、それぞれのペアの平均値に統計的に有意な差があるかどうかを示したものです。すなわち、アスタリスクがたくさんついているほど、二つの政党間にははっきりとした政策の差があることを意味しています。

自民党と希望の党の間にも、ほとんどの争点で有意な差があることが分かります。また、希望の党と立憲民主党の間にも大半の争点で差があります。ここからは、元は同じ民進党でありながらも、希望の党と立憲民主党の議員間には、排除する、しないで生じた感情的な対立だけでなく、政策面でも再結集を難しくする隔たりがあることがうかがえます。

また、背景にアミがかかっている争点は、経済政策です。例えば自民、立憲、希望の中で、自民党は「小さな政府」に最も近いポジションにもかかわらず、最も公共事業に積極的で、現在の財政状況にも楽観的です。ようするに、経済に関する争点態度が論理一貫的ではありません。立憲民主党は、ほとんどの争点で自民党とは距離を置いています。自民党の逆張りをしているわけですから、やはり経済政策での整合性に疑問符が付きます。そして希望の党は、安倍内閣に対して是々非々と言っていましたが、少なくとも我々の客観的なデータが示す限りでは、特定のプリンシプルに照らして、これは賛成、これは反対と立場を決めているのではなく、どちらかといえば、人気の出そうなポジションのつまみ食いです。政党システム全体として、政策空間を整理整頓する役割は今のところ果たせていません。

ゆえに、もし今後野党再々編が必要になる場合には、ポスト二〇二〇年に向けて、体系性のある経済政策を掲げることが必須条件と申し上げておきたいと思います。

5　有権者と政治家のイデオロギー分布

今度は、先ほどの二八項目に加えて、憲法九条改正の賛否を加えた二九の争点態度をもとに、項目反応理論という分析手法を用いて、各党の投票者と当選者、すなわち有権者と政治家のイデオロギー分布を、左右対立軸上に示してみました（図8－8）。実線が今回の当選者、点線が有権者（各党のグラフは比例代表で投票した人）の分布です。

多数党が得票率を大きく上回る議席率を獲得しやすい小選挙区制の特徴を反映して、当選者全体の分布は有権者全体よりも右寄りです。主たる原因は自民党で、自民党議員は自民党に投票した人と比べて、山の頂点が右側にあります。また、この図だけからは分かりませんが、前回・二〇一四年調査と比較すると、自民党の当選者の山の高さが高くなっています。

図 8-8　各党投票者（点線）と当選者（実線）の左右イデオロギー

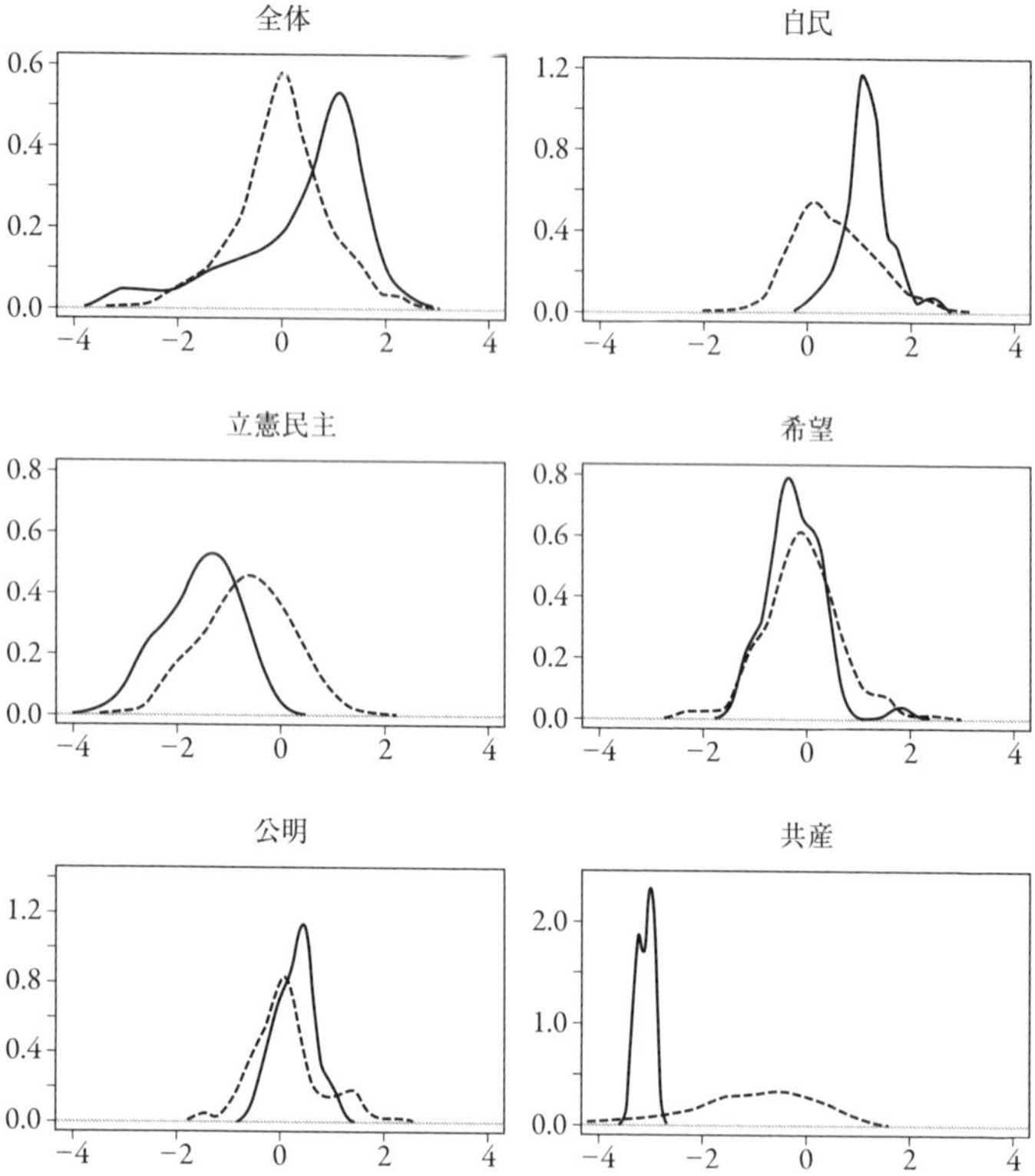

これは、自民党内での政策位置のばらつきが小さくなっている、つまり自民党代議士の凝集性が高まったことを意味します。長期政権の一つの表われと見ていいでしょう。

野党に目を転じると、民主党は前回の選挙で、民主党に投票した人と、民主党の代議士の分布はほぼ一致していました。これに対して今回の選挙では、野党第一党になった立憲民主党の当選者は、同党に投票した人たちよりもかなり左寄りという点が注目されます。

立憲民主党の枝野幸男代表も本調査に回答しており、政策位置も計算可能ですが、枝野代表のポジションは、立憲民主党の議員内では右寄りです。枝野氏からすると、同僚代議士の多くは、自分よりも左にいることになります。ですから、共産党と希望の党の間でどのように舵取りをするかだけでなく、枝野代表を支持する一般有権者と、左寄りの同僚代議士との間に立って、今後どのような党運営をしていくのかも注目していきたいと考えています。

【追記】二〇一八年五月七日に希望の党は解党し、同党の所属議員は民進党と合流して「国民民主党」を結成したグループ、（新）「希望の党」を結成したグループに分かれたが、本章で言う「希望の党」は二〇一七年総選挙当時のものを指している。

第9章　日本政治の展望

飯尾　潤

　これまで私は、世界各国で起こっていることを、同時にそのまま日本に当てはめても、政治制度や歴史的経緯が違うので、うまく説明がつかないということを、よく指摘してきました。ただ、本日の議論で明らかになったように、制度も違い、歴史的経緯も違う、さまざまな国で、同じような混乱が起こっているのも確かです。先進各国を動かしている力は思いのほか共通しているのかもしれません。そこで、そうした動きの背景にある変化に着目して、日本の政治を考えてみるのが、ここでの課題です。

　安倍晋三内閣は、各国の政権と比較して長く続いているというだけではなく、国政選挙に五回連続して大勝しており、政権基盤は強固だということができます。そこで、日本は、先進各国のなかで、例外的に政治が安定している国になっています。ただ、比較政治的に見て、小選挙区制と議院内閣制の組み合わせは、ポピュリスト政党の進出を阻む効果を持っているようなので、日本で政治の混乱が起こっていないように見えるのは、制度によって守られている面もあります。しかし、実際には、さまざまな問題が水面下に潜んでいる可能性もあります。そこで、諸外国の混乱状況と比較しつつ、日本政治の問題点を探り当てて、その危機について考えてみたいと思います。

1　三つの「想定外」

ほかの報告者の皆さんのお話にあったように、先進各国の政治においても想定外のことが、いろいろと起こっています。それらは簡単にまとめにくいのですが、とりあえず次の三点を指摘しておきたいと思います

第一は、いわゆるポピュリスト政党が急成長してきて、政治的競争が不安定化するという現象です。それには、選挙を行う度に勢力比が大きく変わってしまうとか、ルールを知らない人がたくさん出てきて政権までとってしまうということが含まれます。

日本もそれと無関係ではありません。政権を獲得するには至っていませんが、維新の党やみんなの党が出てきて急成長を遂げるということが起きましたし、都民ファーストあるいは希望の党も一気に党勢を拡大し、こちらは急に衰退へと転じました。これは衰退したから平穏が続くということではなく、再び、同じようなことが起き得ることを示しています。しか

も、希望の党が出てきたその日には、政権側は選挙に負けるかもしれないと心配し、選挙はやめることができないのかと自民党幹事長がつぶやいたとされています。一時は政権側も負けを覚悟するほどの勢いが急に出てきたということです。それくらい有権者のあり方が不安定化していることを示しており、政治の不安定さは対岸の火事ではないともいえます。

第二に、政治の枠組み自体が崩れかけているという点があります。これは競争のルールそのものが不安定化しているということです。

ポスト・トゥルースと呼ばれるように、自分に都合のいいことだけを真実と見なし、それ以外は虚偽だとされてしまうと、客観的な議論が成り立ちません。反エリート感情が、知識とか制度・規範を無視する方向に進む恐れもあります。規範という点では、たとえば選挙に負けたと言われても、前回アメリカ大統領選におけるトランプ候補のように、自分が負ける選挙結果を認めないということを公言している状況は、選挙の公正性にとって重大な問題です。同様に、エリートが決めたことだからといって、デモクラシーのルールを無視する可能性もあるわけです。有権者のほうも、その時その時の気分に合致した主張を支持するようになり、極端化・両極化が生じるようになっています。

考えてみると、日本の場合も、政治における共通理解は怪しくなってきています。憲法解釈についても、賛成・反対を含めて共通理解があるかというと怪しいし、小さな問題では最近の国会における質問時間の配分といった政治慣行にしても同様です。しかもウェブトではは政治をめぐる極端な議論がたくさん出てきています。雑誌などのメディアでも、極端な論調のほうが読まれるようになっています。

そして第三に、政治の単純化・個人化という現象が起こっています。単純化の事例としては、ワンフレーズ・ポリティクスを挙げることができます。個人化については、知名度が高ければ高いほどその言動が注目を集めるという現象に端的に表れています。そもそも、どうして単純化や個人化が進むのかといえば、政治がよくわからないので、単純なものに引っ張られるということではないでしょうか。このため政治家のほうも、自らの個性を売り物にするようになっています。

日本で政治の個人化が現われた一例が、自治体の首長という存在かもしれません。自治体の首長の場合、永田町の住人というエスタブリッシュメントという感じはなく、普通の人に近いというイメージがあります。また知事などの場合には、思いのほか好きなことが言えます。それもあって国政に影響を与えるようになっています。あるいは官邸主導が進んでいるのも、制度が整備されたという側面もありますが、それ以上に首相の名前がものを言うとすれば、政治の単純化がそこにも及んでいるということでしょう。

ワンフレーズ・ポリティクスについて言えば、とにかく直感的なわかりやすさが優先されます。また、ワンフレーズですから、複雑なことが省略されるだけではなく、他の問題との関係も捨象されます。そこで、スローガンはいろいろ出てくるのですが、それぞれのスローガンを政策に落とし込んでいくと、相互の整合性がとれなくなるという問題があるわけです。

日本も含めて、先進各国で起こっているこのような現象・変化の背景には何があるのかを考えますと、結局のところ、次の五つの要素が関連しているのではないでしょうか。

2　混乱の背景に何があるのか

第一の要素は、左右の対立軸が多次元化して、しかも相対化してきたということです。まず、多次元化について説明しますと、経済的な側面での左右と、社会的自由という側面での左右が一致しなくなっています。たとえば、小さな政府論者は右だと考えられますが、自由を強調するので、社会的な多様性には寛容で、少数者の権利などを積極的に擁護するという意味で、社会的には左の主張をするということがある。あるいは、経済的に政府の積極的な介入を主張する左の立場に立つと、できるだけ規則も一律のほうがよいということになり、社会的には少数者を無理に多数の側に引き寄せるという意味で、右の主張をするということがあります。このように、分野を横断してみると、左右の軸というのは、かなり怪しくなることがあります。

あるいは、日本の場合、大きな政府か小さな政府かという経済の軸と、安全保障面でタカ派やハト派かという軸は、かつては左右で明確に分かれる傾向にありましたが、いまはそうでもないという傾向があります。とりわけ、安全保障面でタカ派だが、大きな政府・介入主義的な経済政策を支持するという傾向は、比較的強くなっているように見えます。

しかも、有権者がもっとも関心を持つ経済の問題では、政策をめぐる左右軸が相当複雑化しています。これまでの一般的な感覚からすれば、左側が「大きな政府」論に立ち、右側は「小さな政府」論というイメージがありますが、安倍政権は、企業の賃金水準に直接要望を出したり、特区などの運用で具体的なプロジェクトにまで言及するなど、非常に介入主義的であり、財政出動にも熱心で、右だと見られる安倍政権が「大きな政府」論に基づく政策を進める側面があります。逆に左のほうが安倍政権に反対する立場から、政府の権限縮小を求める「小さな政府」を称揚するようなことが生じているわけです。

社会的自由について言えば、そのなかでも、さまざまな立場が出てきており、左右で分けられないということもあります。たとえばジェンダーや家族をめぐる自由という点で、差別的表現や固定的な役割を含む表現を禁止することを主張すると、それが言論の自由を最大限尊重することとは必ずしも両立しないというように、具体的な場面ではさまざまな葛藤があります。

つまり、二〇世紀と違って、現在では、右とか左とかで、政治的な立場を単純に整理できなくなってきています。

それによって、一番打撃を受けているのが、中道左派ではないでしょうか。伝統的に左派は右派よりも論理的な一貫性を重視する傾向が強いので、左右軸が複雑になると、自らの立場を理屈で説明することが難しくなってきます。右派のほうは同様の問題があっても、現状追認や、御都合主義であっても、雰囲気で丸め込むことが可能です。ところが、左派のほうでは、新たな立場を確立できないと、勢力の弱体化に直結する傾向があります。もちろん左派の困難には、産業構造の変化によって労働者階級の団結が難しくなったということもあるのですが、先進各国で中道左派が勢力の維持に苦労しているのには、こうした左右軸の複雑化という背景もあるように思われます。

第二の要素は、いわば消費者民主主義といった民主政への理解が広がっていることです。このとき有権者は、政治家から示された選択肢の中から、自分好みの政策を選び、その政治家を支持するし、そうでなければ別の政治家を選ぶという考え方です。まるで買い物をするような感覚です。あるいは、任せてくださいという政治家のなかから、良さそうな政治家や政党を選んで、だめだったら取り替えればよいと考えるような態度です。

そこでは、選択肢そのものをつくるのに、有権者が能動的に参加するという契機がありません。そのため政党内で論議を尽くして政策をつくっていくことが難しくなってきています。争点形成や、政策的選択肢の形成に、有権者が何らかの形で関わることがなくなると、有権者は、政治家が提示していない選択肢の可能性に想像をめぐらせることも、特定の政策にコミットして、その実現に協力することもなくなります。それだけでなく、政策が直面する制約条件への考慮もなくなってしまう、ということが起きてきます。

結果として、わかりやすい争点、安易な選択、刹那的な効用ばかりが注目されるようになってしまうわけです。こうした状況で、ワンフレーズ・ポリティクスは、政治家から見て有効な戦略になってきます。そして、そのとき受け身の有権者はマーケティングや情報操作の対象にもなってしまう。極端なことを申せば、アメリカ大統領選でのロシアの干渉疑惑が指摘されていますが、これも、そうした流れの一環として理解することが可能です。

第三の要素は、グローバリゼーションの影響で、ヒト・モノ・カネ・情報の流動性が高まって、政治的共同体の自明性が揺らいでいることです。とりわけヒトに関して、国境の閉鎖性が崩れてくることで、日本の政治の担い手は日本国民であるとか、ドイツの政治の担い手はドイツ国民であるといった自明性が低下してくるわけです。デモクラシーというのは、その政治的共同体のなかで、有権者が互いに仲間であることを前提としますが、それが崩れてくる。

そのようにして、民主政の基盤をなす政治的共同体が動揺し始めると、政府や議会の決定に対して、文句が出てくるわけです。ナショナリズムを強調することで、政治的共同体を無理やり再興しようする動きは多くの国で生じていますが、ポピュリズムと結びつくことも珍しくありません。このため排外主義に陥りがちで、経済的な合理性を欠く主張が力を増すことで、経済的な弱体化が生じ、自国中心主義が自国の繁栄を損なうといった現象も出てきます。

この政治的共同体の自明性が揺らぐということは、民主政が前提としている要件を忘れて、政治制度の運用だけで、物事が解決しないことを示しています。

第四に、情報空間の急速な変化ということがあります。ＩＴ化が進むことで、多くの人が新聞を読まなくなり、代わりにＳＮＳを長時間利用するようになっています。そうなると、自分と近い考え方の持ち主とのやり取りばかりになって、自分と異なる意見を持つ人との交流が減ってしまう。その結果、政治が極端化するということが起きているわけです。この一〇年で、政治の世界が大きく変わった背景には、こうした要因も無視できません。

たとえば、新聞やテレビのニュース番組には、一覧性があります。いま日本人が関心を持つべき問題は何かということを、報道機関が整理して示してくれ、それを他の人も見ていることを知りつつ、多くの人が受け取ることによって、政治的共同体のなかで認識レベルの共通性が保たれます。携帯電話の料金がかさむので、お金の節約のために新聞は購読しないという人が増えてくると、国政の課題をはじめとする諸前提も、何が話題になっているのかも知らないという人が大量に出てくる可能性があります。そうなると、有権者は政策課題の前提を知らないまま、政治的な選択をするようになっていくことになります。

それから、多くの人がSNSに依存するようになると、Facebook なら Facebook のユーザーを対象に、ターゲットを絞り込んだ広告を流して、情報操作をすることができるようになります。先のアメリカ大統領選では、現にトランプ陣営だけでなく、ヒラリー陣営でも、そうしたことが行われていたと指摘されています。実際、嘘の情報であっても、何度も聞かされていると、それが真実だと思えてきてしまうわけです。

しかもウェブ上では、情報操作の大規模化・巧妙化が可能です。そうなると、そうした技術力を持つ国が、ある国を対象に攻撃をしかけてきた場合、乗っ取られてしまう可能性も否定できません。

そして第五に、より深刻なのは、少し前までは民主政そのものは無条件にいいとされてきたのに、必ずしもそうではないと思われるようになってきた、ということがあります。というのも、先進民主政を採る国は必ず豊かな国で、豊かな国は必ず民主政だとされてきたのが、その民主政でも経済がうまくいかないと思われるようになってきたわけです。豊かな社会では、豊かさが自明になっており、民主政の恩恵も忘却されがちなので、民主政が否定されても、自由の放棄が称揚されても、民主政を積極的に擁護する人があまりいないという状況に立ち至りかねません。

二〇世紀の半ばに先進各国で民主政が安定したのには、分厚い中間層が民主政の担い手として、社会を統合できた面があったと考えられます。このため、社会的分断がひどくならず、深い亀裂が生じることもなかった。中間層の存在は民主政にとって、きわめて重要です。ところが産業構造が変化して、貧富の格差が広がり、階層の二極化が進むと、没落する中間層においては、経済格差を解消する上で、民主政は役に立たないのではないかという疑念が増大します。経済的に困窮するようになったかつての中間層が、自らの利害から考えれば支持するはずのないポピュリズム政党を支持するようになる背景には、こうした民主政への幻滅があるのではないでしょうか。ですから、より深刻なのは、民主政自体が疑われるようになった、ということです。

しかも、人権を軽視し、民主政も否定する中国のような国が、目覚ましい経済発展を遂げているわけです。戦間期において、ソビエト・ロシアやナチスドイツが経済発展をそれなりに実現させて、多くの国が少なからずその影響を受けたわけですが、現代でもそうしたことがあり得るということです。そこをどう考えるかという問題があります。

このように現代世界では民主政を揺るがすような変化が起こっており、伝統ある先進国でも大きな混乱が起こっています。まだ危機が潜在化していないように見える日本においても、同様の変化が進行している以上、なんらかの影響が出ているはずです。そこで、現在の日本政治にも他国と同様の力が働いているという観点から、安倍内閣の政権運営を検討してみたいと思います。

3　安倍政権の四つの問題点

安倍政権の問題点といえば、第一に政権維持が自己目的化しているのではないか、という点があります。つまり、長期的見通しにやや欠けるのではないか、その場その場で支持率を稼ごうとしているのではないか、ということがあります。

たとえば解散時期を自分の都合で選ぶようなことが起きており、議論が煮詰まっていないときに解散をするというようなことです。あるいは財政の見通しであるとか、人口動態の予想に沿った計画であるとかいった長期的な視点が不可欠であるはずの政治的課題を便宜的に取り扱うとか、必ず守るはずの約束が反故にされてしまうということが生じています。政権を担当する四年間で何をしますという約束ではなく、今、何をしますという約束が増えています。

実は、こうしたことが可能なのは、先に挙げたように消費者民主主義的な状況のなかで、有権者の人気を得ようと政治家が無理を重ねて、政治が展開しているということがあります。そこでは、支持基盤の不安定さから、有利な状況ができれば、それに応じて政権を維持し、そのなかで政策を展開するしかないという発想があろうかと思います。このように安倍政権は政治基盤の不安定性に対応しつつ、政権を維持しているということができましょう。逆に社会の変化に対応して、政治の基盤を作り変えることなく、既存のしくみに手を入れるだけで、あるべき政治の姿を追求しようとしても、とても政権は維持できないという可能性もあります。

第二に、政策の深掘りがないという問題があります。その時々で、新たな政策が次々と打ち出されるのはいいのですが、いずれも、あまり掘り下げられていない、ということがあります。多くの場合、すぐに効果が出ることが強調されて、かつて言っていたことが、その後どうなったかという話はあまり聞きません。

また国会での質疑を聞いていますと、失業率は減っているというような都合のいい主張ばかりが出てきて、そのほかの点について適切な批判があっても、それを受けて、よりよい政策をつくろうとはなりません。いつも言った者勝ちで、発言者は「正しい」ということになってしまう。ここに見られるのは、ポスト・トゥルースというほどではなくても、うまく言いくるめて、それですませようとする傾向です。逆にこれは消費者民主主義以前に、単純化の圧力がかかっており、また有権者を操作することが可能だという状況を、それなりに反映した対応だと評価することもできます。きちんと政策をつくり、議論していくための、基礎的な条件がない可能性があるのです。

ただ、深掘りをせずに、政策の効果を発揮し、次の段階に進むということは難しく、いつまでも「やっている感」に頼っていると、政策的な行き詰まりがまとめて生じて、身動きがとれないということにもなりかねません。

第三に、有権者からの意見の吸い上げが弱いという問題があります。こうした事態が恒常化する原因として、有権者の意見をあまり吸い上げようとしていない、ということがあるのではないでしょうか。有権者と対話しようとする意欲に欠けるわけです。そのため、統合力が強まらない。たとえば自民党内においても、一般の国会議員間の討論が少ない、ということがあります。ということは、国会議員を回路として、社会から意見を吸い上げようとしていない、ということです。

人によっては、かつての自民党には闊達な議論があったと言うかもしれません。しかし、党議拘束をかけるための法案の事前審査の場は、基本的に省庁が出してきたアジェンダ（議題）について、それぞれ注文をつけるという議論の仕方ですから、そもそも有権者との間をつないで何かアジェンダを設定する機能はありません。それだけでなく、最近は政策に関する党内での論議が表に出ることで国民的論議が引き起こされては困るという感じが強まっています。これは政策的討論システムの未整備の問題と言っていいでしょう。要するに、政策的な議論に、一般の有権者を巻き込めるかどうかが重要なのです。

人々のつながりが弱くなり、政党を通じた利益集約や、利益集団による政策の集約ということが、どこの国でも難しくなっています。そうしたなかで、消費者民主主義的な理解が深まれば、有権者の積極的な参加も望めず、意見を吸い上げることは難しくなってきます。これは単に日本の政治や政治制度だけの問題ではないと考えられます。

その先に、有権者への粘り強い説得の契機が弱い、ということがあります。増税しようとすれば、いろいろなことを言わなくてはならないはずですが、天から何か降ってくるように増税の話が出てきて、なぜそれが必要なのか、あまり説明がありません。

諸外国でも、有権者の説得を試みる指導者はいますが、それがなかなか難しいのが現状です。口当たりのよいワンフレーズがどんどん出てきて、都合のよい話ばかりを聞かされている有権者に、あるべき姿を説くのは難しいからです。これは単に指導者の資質の問題というよりは、有権者のあり方、政治の構造そのものの問題であると考えるべきかもしれません。

第四に、しばしば言われることですが、野党勢力が弱体化し過ぎて選択肢がない、という問題もあります。私の見るところ、その主たる原因は野党勢力の側にありまして、政権獲得を目指すと言うわりには、何のために政権をとるのかが、それほど語られはしない。政策課題を検討して提示する機能が弱いのではないでしょうか。

争点を設定するにしても、基本的に政権側の失敗待ちですから、何々学園とかいろいろな問題が出てくれれば、それを一生懸命批判するにしても、その結果としてポジティブなものが出てくるわけではありません。揚げ足とりで終わってしまう。結局、政権獲得、政策、選挙協力との関係を整理できずに最大野党が分裂して、なすところがない、という状況です。このあたりを戦略的に立て直す必要があります。

その背景には、中道左派勢力の困難があることは、すでに指摘したとおりです。争点化の基盤としての左右軸が曖昧化すると、政治的に意味のある対抗拠点、対立軸を設定するのが難しくなります。直感や情緒に訴える右派の方が、その点で有利で、ポピュリスト政党が各国とも極右勢力になるのは、現在の政治的言論空間の特質が反映している可能性があります。その上、民主政への幻滅が広がっていると、政権交代といった民主政の基本原理への期待もあまりなくなり、ますます野党への支持がやせ細ることにつながります。

こうした状況で、野党がなすべきことは、有権者との新しいコミュニケーション回路を模索し、これまで拾い上げられなかった声、十分に解決策が与えられていない課題、世の中をよくしようという思いはあっても出口が見つからない善意を、組織化していくことでしょう。政権が提起した課題や、政権が失敗した案件を、既存のメディアが取り上げる視角から批判しているだけでは、主体的な勢力拡大の道は開けないのです。

このような問題点は、野党の弱体ぶりは別にして、いずれも潜在的なもので、すぐに表面化して問題を起す危険ではありません。しかし、あらかじめ手を打っていなければ、いずれ大きな問題を引き起こすでしょう。むしろ諸外国のような混乱に陥らないためには、何をすべきかということを考える必要があります。では、何をしなくてはいけないのか。ここでは、まだ明確な答えはありませんが、五つばかりポイントを示したいと思います。

4　今後のための、五つの論点

まず第一は、共通情報基盤を確保するということです。これは新聞とかテレビといったマスメディアに頑張ってもらうだけですむ話ではありません。多様な空間において、本当のところはどうなのか確認できるとか、他の人が考えていることを知ることができるとか、表面的な現象を超えた理屈を理解できるようになるとか、そういったことが可能になる仕組みが必要です。

第二は、いま政治の世界で問題になっていることの多くは、突き詰めれば、政党の弱体化によって生じています。だからといって、政党の体質を強化するのは簡単ではありません。そもそも、党員・党友を前提とする二〇世紀型の政党は機能不全を起こしているわけです。利益集団を束ねるという方法も、もはや有効ではありません。従来とは異なるやり方が必要です。

政党の強化においては、インターネットをどう活用するかということがあります。先ほど私はインターネットの発達によってもたらされた負の側面を強調しましたが、逆にインターネットは、これまでとは異なる組織化の可能性を開くメディアでもあるわけです。ですから、人々が内閉しないよう、どうパブリックな空間に結びつけていくか、考えなくてはなりません。

そこで重要なのは、政党という組織を、どう革新していくかということです。有権者の意見にきちんと耳を傾け、有権者を説得できるような仕組みができるかどうか。これまで政党というと、二大政党制とか多党制とかがもっぱら議論されてきたわけですが、混迷する政治を立て直すには、有権者が有効だと実感できる政党組織が新たに生まれてこなくてはなりません。そのための確たるモデルは、まだ存在しませんが、それができるかどうかがきわめて重要です。

第三に、労働組合の組織率が低下し続けることに象徴されるように、中間団体、職能団体の弱体化が進んでいます。こうした中で、ＳＮＳというのは、気の合う人同士の、新たなコミュニティと言い得る側面もあるわけですが、意見の異なる人たちをブリッジする仕組みが欠けたままでは社会は安定しません。政治的共同体を安定させるためにも、世の中に生まれて存在感を増している、さまざまな集団の間をつなぐ仕組みが必要です。

第四に、政策リテラシーの涵養という課題もあります。政治を通じて政策を選ぶといった課題を果していくためには、政策の仕組みについて、何らかの理解が必要です。とりわけ複雑な社会では、政策課題を発見することと、政策を作ること、その政策を実施することの間には、いくらかの距離があります。問題点を指摘すれば、問題が解決するというほど単純な状況ではありません。ところが、一般の報道でさえ、善玉悪玉論のような単純な理解が多く、まして多くの人々が、政策の仕組みを理解して、政府を評価したり批判しているようには見えません。これでは、民主政を安定的に運営することは難しいと言わざるをえません。そこで政策的なリテラシーを養成し、広げていくという課題も大きいのです。

その上で、第五に、参加による政策革新の活性化という課題があります。実は先進各国の有権者は、すでにいろんな知恵を持っています。ただ、政党や政治家が、きちんと汲み取れずにいるわけです。ですから、政党や政治家にとって重要なのは、他国の事例だけでなく、有権者の知恵も学ぶということです。つまり、幅広い人たちが政治に参加し、政策革新を活性化する必要があります。

今のところ、そうした新しい動きは、古い政治を嫌って、民主政の仕組みの外側にとどまっています。社会改善や課題解決への意欲を持つ人々を、政治の場に誘い込み、やる気を起こさせるような、新たな政治の舞台を作ることが求められます。

これらは論点の例示に過ぎませんが、これまでのように政治制度の運用を話題にする以前に、それが基盤とする政治の前提が揺らいでおり、それを立て直すことに関心を向ける必要があることに注意を向けていただければ幸いです。

第10章　財政危機からみた政治システムの問題

小林慶一郎

財政や金融を専門にする経済学者として、経済学だけでは手に負えなくなってきた財政問題について、政治学の知恵をお借りすることができないだろうかという問題意識を持っています。

図10－1ですが、これは五〇年先までの、対ＧＤＰ比での政府債務がどうなっているかを予想したものです。

このグラフでは、私たちが今、財政について抜本的な改革を行わずに現状維持が続けば、黒い点線で示されているように、右肩上がりで債務比率が上がっていき、向こう二、三〇年以内にＧＤＰ比五〇〇％といった、とんでもない数字になることが示されています。現実には、ＧＤＰ比五〇〇％のような債務比率が実現するとは思えませんので、そうなる前に財政破綻（急激な金利上昇や物価上昇）が起きるのではないか、と懸念されます。

公開された政府統計のデータに基づく計算によると、債務比率を五〇年〜一〇〇年という超長期のスパンで安定化させるには、年間七〇兆円ほど財政収支を改善しなくてはなりません。図10－1の実線は債務比率を二〇六〇年にGDP比一〇〇％に縮小する経路を示していますが、それが年間七〇兆円の財政収支改善のケースに対応しています。要するに、一〇〇兆円の国家予算でやっている国で予算を七〇兆円削減するということです。ですから、もし国家予算を一〇〇兆円から三〇兆円に縮小できれば、この債務比率は安定化し、グラフ内の実線のような曲線になるわけです。ですが、これはとても政策として実現できそうにありません。つまり、図10－1で示されたような長期の財政推計を見ると、なんらかのかたちでの財政破綻が避けられないとしか思えないのです。

　こうした財政状況への不安は、一般の人たちにも広がっているようです。経済産業研究所副所長の森川正之さんの二〇一六年と二〇一七年の論文では、

図 10-1　債務比率の将来予測

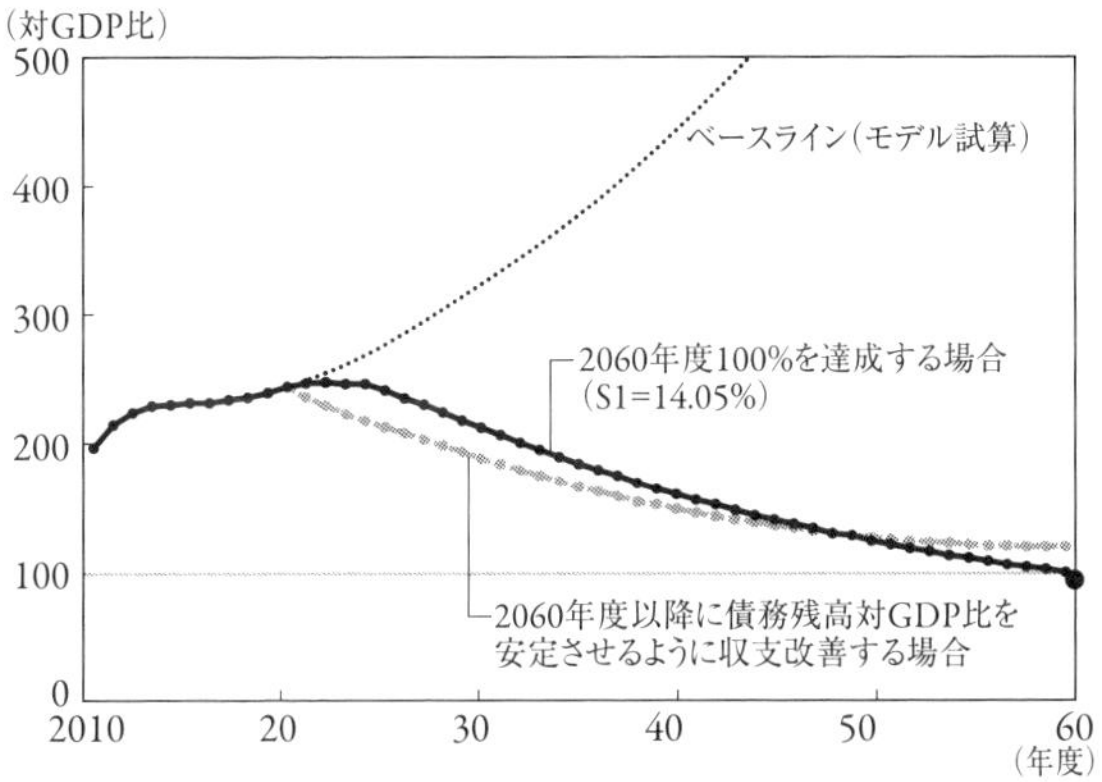

財政破綻の予想について、次のような興味深い結果が報告されています（Morikawa 2016、森川２０１７）。アンケート調査で「二〇三〇年までに日本の財政が破綻する確率は何％だと思うか」という質問を企業経営者（二〇一六年）、消費者（二〇一七年）に対して聞いたところ、回答の平均値は約二五％だったというのです。もっとも、森川氏の調査では、財政破綻の定義をしていませんから、どういう状態を財政破綻と言うのか、回答者ごとに異なるイメージで回答している可能性が高いという点には注意が必要です。しかし、今後一三年～一四年以内に四分の一ぐらいの確率で、日本の財政が「破綻」と呼べるような危機的な状況になるのではないかと、多くの人々が不安を感じていることは確かなわけです。

しかしながら、現在の政治状況、あるいは経済政策の決定のプロセスを見る限り、これから抜本的な対策が講じられる見込みはなさそうです。経済学的な計算によれば、長期的に財政を安定させるためには、大幅な増税か歳出削減をして財政再建に取り組むほかないわけです。にもかかわらず、それが実行できないのは、政治のシステムに問題があるのではないか。そこには財政に限らず、近年の多くの政策課題に共通する性質があるように思います。

1　世代間問題が示す政治の限界

それは何かと言いますと、近年わたしたちが直面する重要な政策課題はいずれも、世代を超えた投資プロジェクトのような性格を持っており、時間軸が非常に長くなっているということです。

たとえば財政について言えば、増税するとか歳出カットをするといった痛みを甘受するという「コスト」を現在世代が支払うことで、三〇年~四〇年先の将来世代が財政破綻による経済混乱を回避できるという「リターン」を得る。「コスト」と「リターン」の発生に、世代を超えた時間差がある投資プロジェクトになっています。この構造は、環境問題でも同じです。例えば地球温暖化であれば、温室効果ガスの削減という「コスト」を現在世代が負担すれば、五〇年後、一〇〇年後の将来世代は、環境の安定化という「リターン」を得ることができるという構造になっています。原発の使用済み核燃料処理という問題も、同じような性格のものだと思います。使用済み核燃料の処理施設の建設には、場所の選定ひとつとっても巨大な政治的コストがかかりますが、それを現在世代が支払って処理施設を建設すれば、数十年後の将来世代は環境汚染の回避というリターンを得ることができるわけです。

こういった、世代を越えた投資プロジェクトのような政策課題は、おそらく現在の民主主義の政策決定の仕組みの中では想定されていなかった問題群ではないでしょうか。そういう問題群が、新しい技術や制度の出現にともなって、二〇世紀後半以降、続々と政策の現場に現れるようになった。たとえば債務の膨張が止まらないという財政問題にしても、公的年金などの比較的新しい制度の普及によって出現した問題です。こうした問題は、民主主義が理論的に正当化された一八世紀にはほとんど存在しなかったので、世代を超えた政策プロジェクトを実現する方法は民主主義のシステムの中に形成されていないのです。

近代の合理的な（そして利己的な）個人からなる社会において政治的意思決定を行うシステムが民主主義ですが、当然ながら意思決定の場に参加できるのは現在生きている世代に限られます。まだ生まれていないか、成人に達していない将来世代は、現在の政治的意思決定の場に参加することができません。現在世代と将来世代が議会の場で議論することはあり得ないわけで、たとえば「将来世代が得るリターンの一部を現在世代に与える」という交渉は成立しません。すると、世代を超えた投資プロジェクトを実施すると、現在世代はコストを支払う一方でリターンを受け取ることがまったくできません。合理的で利己的な個人の集合である現在世代は、自身が一方的にコストを支払うだけの政策プロジェクトの実施に合意できないのは当然とも言えます。

財政の持続性、地球温暖化問題、原子力発電の持続性などの政策課題は、二〇世紀の後半になって初めて現れた政策課題ですが、世代を超えた問題は昔から存在していました。それらは「政策課題」すなわち、当時生きていた人たちが政策の選択肢から自由に合理的に選択できるようなものとは認識されていませんでした。たとえば、森林資源の保全という課題はどの地域でも見られた問題ですが、古代や中世の人々は、そもそも森林を大きく破壊できる技術力をもってはいませんでしたし、宗教や伝統文化によって作られた非合理的な戒律が、過剰な森林伐採を抑制する心理的な歯止めとなっていました。宗教や伝統文化（日本のイエ制度など）が、理屈を超えた非合理的な「掟」として、将来世代への持続性を確保することを人々に強制していたと言えるでしょう。

現代の日本やそのほかの先進諸国では、一方では技術力の巨大な増進があり、他方では宗教や伝統文化の衰退によって将来世代への利他性が衰えた社会が現出しています。将来世代への利他性が必ずしも大きくない合理的な個人からなる社会が、民主的な政策決定を行えば、世代を超えた政策プロジェクトは実施できないことは自然な結果です。

2　将来世代の利益擁護には何が必要か

経済学で考えましても、世代を超えた、こうした長期的な問題を解決しようとしても、マーケットのメカニズムや経済政策の工夫によっては実現できません。各世代で繰り返される問題（老親の扶養など）であれば、繰り返しゲームの構造を持っているので経済学（ゲーム理論）的な工夫によって解決できるのですが、財政問題や地球環境問題のような「一回限り」の構造を持った問題には、経済学的な解決策はないのです。

ですから、経済合理性を越えたところで、社会の持続性を維持する仕組みを、政治のシステムの中から構築する必要があるのではないか。これは経済学というよりも政治学の問題です。いま存在していない将来世代の利益を、現在の政治的意思決定の場において、どのようにして擁護するのか。将来世代の利益擁護の仕組みを政治システムに組み込むことを考える必要があるのではないかと思われます。

そのような政治システムの改革のヒントとなりそうなアイデアが、最近、経済系の学者の中で議論されています。

高知工科大学フューチャー・デザイン研究所長の西條辰義教授は、「フューチャー・デザイン」というコンセプトを提唱し、実験経済学、心理学、都市工学、神経科学などのさまざまな研究者を巻き込んで、新しい学際的な研究の動きを広げつつあります（西條 2015）。

フューチャー・デザインとは、現在の視点から未来を予測するのではなくて、将来世代の視点からみて「あるべき」未来の姿を考え、その未来を実現するために現在の政策をデザインする、という発想です。具体的には、将来世代の利益を代弁するアクターを、現在の政治的な意思決定の場に現出させる手法を考えることが、フューチャー・デザインの基本的な関心事です。

その考え方は、二〇一五年に岩手県矢巾町で行われたフューチャー・デザインの実験に典型的に表れています。原・西條（2017）によると、矢巾町では内閣府の要請で、二〇六〇年までのまちづくりビジョンを作成することになり、その作成プロセスに大阪大学の原圭史郎准教授を中心とするフューチャー・デザインの研究グループが参加することになりました。原准教授らは、住民によるグループ討論によって、ビジョンの原案を作ってもらうことにし、一組五〜六人の住民グループを四組つくりました。そのうち二組は、現在世代の立場から通常の住民討論をしてもらい、ビジョンのアイデアをまとめてもらったのですが、残りの二組では、住民に「二〇六〇年の将来世代」になりきってもらい、将来世代の視点から、まちづくりビジョンを作成してもらいました。一種のロールプレイイングゲームで、仮想的に将来世代の人間の役割を演じてもらったわけです。西條教授は「将来世代のキャップ（帽子）をかぶる」という表現をし、将来世代のキャップをかぶった人のことを「仮想将来人」と呼ぶことを提唱しています。

この矢巾町のフューチャー・デザイン実験で特筆すべきことは、二つの現在世代グループと、二つの仮想将来人グループでは住民討議の結果として出てきたビジョンに明らかな差が見られたということです。現在世代グループは、現在の制約条件（高齢者介護や待機児童問題の解決など）の延長線上で将来のビジョンを描く傾向があったのに対し、仮想将来人グループは、制約を離れて地域の長所を伸ばす発想でビジョンを描くことができたと言います。

現在世代グループが今の行政のやり方を踏襲する思考だったのに対し、仮想将来人グループは将来のあるべき姿から逆算して現在の行政課題を抽出し、困難な政策課題にもあえて挑戦しようとする思考になる傾向があったそうです。

この実験結果は、ロールプレイイングとして仮想将来人の役割を演じる者を政治的意思決定の場に参画させれば、それだけで政策決定の方向性が変わるかもしれない、ということを示唆しています。つまり、政治システムになんらかの制度的な工夫をすることによって、将来世代への利他性を強化することができるかもしれない、ということです。

さらに西條教授らは、住民討議の半年後にインタビューをし、仮想将来人グループの参加者に、討議をしていたときに「現在世代としての自己」と「将来世代としての自己」の間でなんらかの衝突が起きていたのではないか、という点を調べました。驚くべきことに、インタビューで、仮想将来人グループの参加者は「現在世代としての自己と将来世代としての自己を俯瞰し、全体の観点から両者を調停する視点を持つことができ、現在と将来を総合的に考えることができた」という趣旨の回答をしたと言います。さらに、そのような思考習慣はフューチャー・デザイン実験のあとも続いており、半年後のインタビュー時でも現在と将来を俯瞰する思考をすることがある、また、そのような思考ができることは自分にとって喜びである、という回答をしています。

このインタビュー結果は、フューチャー・デザイン実験を経験したことで、被験者の思考になんらかの継続的な変化が起きた可能性を示唆しています。フューチャー・デザイン実験で仮想将来人の役割を与えられた人々になんらかの強い感情的変化が生じている可能性は、（論文等では報告されていないものの）研究者の間では認識されています。二〇一八年一月二七日～二八日に総合地球環境学研究所において開催された「第一回フューチャー・デザイン・ワークショップ」では、岩手県矢巾町の実験をはじめ、北海道大沼町、松本市、高知県などで実施されたフューチャー・デザイン実験のケースが報告されました。これらの実験を行った複数の研究者たちが、仮想将来人の役割を与えられた実験参加者に感情的な変化が見られたことを目にしていました。こうした観察が何らかの脳内活動の変化を反映しているかどうかは科学的にはまだ解明されていませんが、そこを見据えて、脳内活動の変化をｆＭＲＩを使って解明する研究計画のアイデアの可能性についても論じられました。近い将来、神経科学や脳科学の手法に則って、フューチャー・デザイン実験が人間の精神や脳の活動に及ぼす影響を定量的に調べることができるようになるかもしれません。

もし、仮想将来人の役割を与えられることで人間の脳内活動のレベルでなんらかの変化が起きるとしたら、政治システムの改革によって政策決定の場に仮想将来人の役割を与えられたアクター（公的組織など）を導入することで、現実の政策を将来世代の利益が反映されたものに変化させることが可能になるかもしれません。フューチャー・デザインは、最終的には、そのような仮想将来世代アクターの導入という政治制度の改革を目指しているのです。

仮想将来世代と呼べる政治的アクターとしては、さまざまなものが想定されますが、西條教授たちのグループが構想しているのは、行政機関への仮想将来世代の導入です。中央官庁として「将来省」を、あるいは、自治体の中に「将来課」を置いて、それらの組織に将来世代の利益代表という役割を与えて、中央政府や自治体が行う政策立案プロセスに関与させるという発想です。他に、フューチャー・デザインの動きとは独立に、財政問題の専門家は、長期の財政予測を行う機関の設置を提唱していますが、これも仮想将来世代アクターの一種と位置付けることもできます。財政の持続性を保つために、政治から独立した中立的な財政予測機関を設置し、その機関が長期的な財政動向を予測し、公表し、政府や議会に対して持続的な財政運営を行うことを勧告する、というアイデアはかなり以前から提案されてきました。実際、英国は二〇一〇年の財政改革で財政責任庁を設置しており、近年は国際通貨基金（IMF）や経済協力開発機構（OECD）も同様の財政機関の設置を各国に推奨しています。

日本では、アメリカの議会予算局（CBO）に倣って、国会の事務局組織として独立推計機関を設置する案（東京財団 2013）や、公正取引委員会のような中立性や独立性の高い行政委員会として「世代間公平委員会」を設置する案（國枝２０１１）なども議論されています。

３　仮想将来人の社会契約論

このような仮想将来人のアクターを創設することが、将来世代の利益擁護の方法として有効かどうかは、今後、ｆＭＲＩなどを使った脳科学や心理学などの研究を通して検証しなければなりません。しかし、仮に仮想将来人アクターが将来世代の利益擁護の機能を果たすとしても、そのようなアクターを政治システムに導入する正当性が、現在の民主政の枠内で示されなければならないでしょう。

西側先進国が一九六〇年代以降に社会保障制度を充実させて福祉国家路線をとったときに、その路線を政治哲学的に正当化したのがジョン・ロールズの『正義論』と言えると思いますが、ロールズが福祉国家構想について行ったことと同様の議論を、わたしたちは今後、将来世代の利益擁護（そのための仮想将来世代アクターの導入）という構想について行う必要があるのではないでしょうか。

実際、ロールズの正義論における「無知のヴェール」を援用することで、仮想将来世代（将来省などの公的機関）の創設を、公正な政治構想として次のように正当化できると思われます。

ロールズの議論によれば、公正な政治システムの構想は、次のような手続きを経て合意されたものとして正当化されます。まず、自分の属性（体力、知力、家族の財産、社会的地位、生まれ落ちる時代等々）がどのようになるかをまったく知らない状態に、すべての人々がいったん置かれている「原初状態」を想定します。人々は自分の属性を知らないという意味で「無知のヴェール」に覆われた状態にあります。ロールズは、原初状態に置かれた人々がその実現に合意する政治システムが、公正な政治システムである、としました。原初状態の人々は、自分がもっとも不遇な属性をもって生まれることを恐れるので、「当該の政治システムのもとで、もっとも不遇な人の厚生が（他の政治システムの場合に比べて）もっとも高くなるような政治システム」を実現すべきものとして合意します。これがロールズの「格差原理」です。格差原理は、もっとも不遇な人の効用（ミニマムな効用）を最大（マキシマム）にする、というルールですから、マキシミン・ルールともよばれます。

このロールズの格差原理を世代間の問題に適用して考えてみましょう。いま、わたしたちの関心は世代間の問題にありますから、原初状態とは「自分がどの世代に生まれるか分からない」状態であると考えることにします。すると、財政破綻などの被害を受ける「もっとも不遇な世代」に生まれることを人々は恐れますから、「財政破綻の被害を受ける世代の厚生が（他の政治システムの場合に比べて）もっとも高くなるような政治システム」を実現すべきことに合意します。では、原初状態の人々は、いまの民主政の仕組みと、将来省などの仮想将来世代アクターが創設された民主政とを比較し、どちらを選択するでしょうか？　仮想将来世代アクターを創設する方が、財政破綻前の政策が将来世代の利益に配慮したものになるため、財政破綻に襲われる「もっとも不遇な世代」の被害も小さくなると期待できます。したがって、格差原理によって、原初状態の人々は、仮想将来世代アクターの創設を選択すると分かります。仮想将来世代アクターの創設によって民主政を補正することが、正義にかなった改革であると正当化できるのです。

4　社会統合の理念の再生

ロールズの社会契約論は、合理的で利己的な個人の自由な合意として正義にかなった政治システムを定義しようとするものでした。

それとは別の方向性として、合理的な個人の利己性を弱め、利他性を高めるはたらきを持つ「社会統合の理念」を再生するということが考えられるかもしれません。これは社会科学というより、政治思想の問題というべきかもしれません。

政治の不安定化とかポピュリズムの台頭と関連することですが、これまで自明視されてきた社会統合の理念が揺らいでいます。利己的な個人の自発的な連帯によって問題が解決されると想定していた自由主義・民主主義では、世代間問題に対応できません。かといって、国家に政治的アイデンティティを求めるナショナリズムは、個人の自由や市場経済と両立しないでしょう。階級にアイデンティティを求める共産主義も政治的理念としての魅力を失い、実際的にも資源配分の方法としての共産主義（計画経済）は市場経済システムに著しく劣ることが明らかにされています。

社会統合の理念を再生させる上で参考になるのが、哲学者の東浩紀氏の議論です（東２０１７）。二〇世紀に想定されていた、社会を統合する理念は、個人を軸とする自由主義か、国家を軸とするナショナリズム、あるいは階級を軸とする共産主義という三つがありましたが、それぞれに前記のような難点があり、個人の利他性を強化する社会統合の理念としては問題を抱えていました。東氏は四番目の理念として、次世代に対する「親」としてのアイデンティティ、あるいは家族としてのアイデンティティという考え方を提示しています。ようするに、不特定多数の次世代に対して広く「親」として貢献することに自己のアイデンティティを置けるならば、現在世代は、次世代に対する（また、同世代内での他者への）利他性を涵養することができ、社会の統合を強化することができるというわけです。

その際、次世代に貢献することに自己のアイデンティティが置けるようになるためには、

「次世代への貢献＝永遠なるものへの貢献」という等式が成り立たなければなりません。人には、死すべき定めの自己を、永遠なるもの（不死なるもの）につなげたいという欲求があり、その欲求を満たす信念体系を提供することに政治的アイデンティティの本質的なはたらきがあると思われるからです。

つまり、わたしたちが親として貢献すべき「次世代」は、永続性を持つものでなければなりません。その永続性は簡単に反証されてしまえば信念体系を維持できないので、科学的に反証できないものでなければなりません。

たとえば、人間の知性は今後、人工知能によって増強される可能性があるわけですが、そのような「拡張された理性」は人間の理性の限界を超えて、とどまることのない進歩を続けていく可能性があります。この可能性は、人工知能の可能性が未知数である現在においては、科学的に否定することはできません。永続的な進歩を続ける（拡張された）理性は、それ自体が永遠なる「次世代」とみていいでしょう。理性の永続的な進歩に私たち現在世代が「親」として貢献するということは、具体的には、地球環境や経済社会の持続可能性を高めていくというかたちで理性の進歩をサポートするということになるでしょう。次世代の人々（これは人工知能を含むかもしれませんが）の理性の進歩が実現するための環境整備を行うことに、「親」としての役割があるというわけです。

このような筋道で、社会の持続性や利他性を高める理念を再生することが求められているのではないでしょうか。いま、政治思想の新しい発展に大きな期待が寄せられているのではないかと考えています。

【参考文献】

東浩紀（２０１７）「家族の哲学」（『ゲンロン０　観光客の哲学』所収、株式会社ゲンロン）

國枝繁樹（２０１１）「世代間公平確保のための方策：世代間公平確保法（試案）」経済社会構造に関する有識者会議財政・社会保障の持続可能性に関する制度・規範ＷＧ資料（二〇一一年九月二〇日）

西條辰義・編著（２０１５）『フューチャーデザイン』勁草書房

原圭史郎・西條辰義（２０１７）「フューチャーデザイン―参加型討議の実践から見える可能性と今後の展望」水環境学会誌　四〇巻（四）, pp. 112-116

東京財団（２０１３）政策提言「独立推計機関を国会に」https://www.tkfd.or.jp/files/doc/2013-04.pdf

Masayuki Morikawa（２０１６）"How Uncertain Are Economic Policies? Evidence from a Survey on Japanese firms." RIETI Policy Discussion Paper Series 16-P-008, Research Institute of Economy, Trade and Industry.

森川正之（２０１７）「政策の不確実性と消費・貯蓄行動」RIETI Discussion Paper Series 17-J-007.

最終章　現代民主政の変容を読み解くために

佐々木 毅

「ポピュリズムという妖怪が世界を徘徊している。それは政党政治や民主政のいかなる変調や危機を示唆しているのか。それは内政外交にどのような帰結をもたらすか」。これが英国のEU離脱（ブレグジット）やトランプ政権の誕生を経て急浮上した、かなり広範な人びとの共通の関心事である。事態はなお進行中であるが、冷戦終結後の一つの時代が終わりつつある顕著な兆候の一つであることは確かである。ここでは歴史的視座と民主政論とを組み合わせる形で、この現象を解き明かすためのスケッチを試みてみたい。

1　「一九八九年の精神」

ベルリンの壁が崩壊し、冷戦の終焉が現実化した一九八九年、フランシス・フクヤマは「歴史の終焉?」という論考を『ナショナル・インタレスト』誌に発表した。それを「一九八九年の精神」と呼ぶならば、それは「人類のイデオロギーの生成が終点に達し、人類の統治の究極の形態としての西欧型自由民主主義が普遍化したこと」であるとする。つまり、思想や意識の世界――それこそが歴史を動かす要素であると彼が考える――において、決定的な決着がついたことに他ならない。二〇世紀の歴史は自由主義に対するファシズムや共産主義など他のイデオロギーの相次ぐ挑戦と敗北の歴史である。今後仮に自由主義にとって脅威なるものがあるとすれば、それは宗教やナショナリズムであるが、宗教が重要性を持つのはイスラム世界に限られ、ナショナリズムは所詮防衛的な性格しか持たず、いずれも、世界規模で自由主義に対抗するものとはなり得ない。このイデオロギー上の決着によって、均質的国家からなる世界への歩みが現実化する基盤が整い、先進国では「歴史の終焉」への歩みが始まる。ヨーロッパの統合はその端的な実例になる。その一方で、相変わらず、権力をめぐって対立抗争を繰り返す状況が中国やソ連、第三世界に見られる。これは歴史に囚《とら》われ、その遺産から自由になることができない歴史の中にとどまっている世界である。従って、理念やイデオロギーの次元での決着はついたにもかかわらず、「歴史の終焉」に向かう世界と、歴史の中にある世界との紛争可能性が直ちになくなるわけではない、と。

一九八九年において、西側陣営の唱えてきた自由な市場経済と自由な民主政の勝利を宣言することは、極めて自然のことに見えた。イデオロギーの生成が終点に達したとか、「歴史の終焉」の到来とかいった、ヘーゲル的ニュアンスには必ずしも同意できないとしても、イデオロギー対立の終焉と均質的な世界と平和への期待は、冷戦が長く続く中で久しく待望されてきたものであった。フクヤマが理念や意識の重要性に言及した意図は、冷戦が終われば世界は再び対立抗争に陥るといった議論（国家間の対立競争を「自然なもの」と考え、冷戦の終焉を契機に独仏が再び軍拡競争に入るといった議論）を排除することにあった。市場経済の導入も単なる物質的利益の問題としてではなく、一つの理念の導入として理解されるべきである。民主政の導入も、均質的国家の広がりや平和の浸透への期待と結びついている。そこには国家間の対立競争や物質至上主義といったものを乗り越えた新しい世界への展望が潜んでいたように見える。

実際、「一九八九年の精神」は、世界の政治・経済システムの大変動を一九九〇年代に巻き起こした。民主政は急速に広がり、憲法体制の構築が急ピッチで進められた。また、ＥＵは地理的に拡大したのみならず、統合の深化が加速された。国連の役割の見直しが行われ、従来にない大きな役割が期待された。旧社会主義圏を含む膨大な数の人びとが新たに市場経済というシステムに参入し、いわゆるグローバリゼーションがかつてなかった規模で世界に浸透し、人びとの生活を大きく変えることになった。フクヤマの議論に従えば、これらは「歴史の終焉」世界の、歴史の世界への着実な浸透と見なされたであろうが、その歴史の世界でのいちいちの変容をフォローするのは彼の関心事ではない。しかしながら、二一世紀になるとこうした歴史の歩みが変調に見舞われ、「歴史の終焉」に向けてのモメンタムが失われたのではないかという見方が随所で示されるようになった。例えば、ジェニファー・ウェルシュは二一世紀に入ってからの政治・経済システムの負のトレンドに着目して、「歴史の終焉」へ向けて移行しつつあるという「手応え」が失われつつあるのみならず、歴史の世界へとわれわれは回帰しつつあるという（『歴史の逆襲』）。具体的には、「蛮行への回帰」「大量難民への回帰」「冷戦への回帰」「不平等社会への回帰」が挙げられる。

フクヤマ自身、歴史後の世界と歴史の中の世界との対比を語るのみで、両者の角逐やその移行の過程についてはは何も語っていない。しかし、「歴史の終焉は非常に悲しむべき時代かも知れない」と述べているように、「歴史の終焉」後の世界についてのフクヤマの言明には知的・精神的魅力が見られない。歴史後の世界ではすべてが経済的打算や技術問題に還元される、「退屈な世紀が到来する」という見通しさえ述べられている。理想や目的のために全てを犠牲にして戦うという人生を体現するのは歴史の中で生きてきた人間であって、「歴史の終焉」した世界には芸術も哲学もないという。こうした「歴史の終焉」のイメージはマルクス主義の共産主義社会像の退屈さを思い出させるものがあると同時に、「退屈が到来するという見通しが、もう一度歴史を始めさせる原因になるのかも知れない」とまで述べ、自ら

「歴史の終焉」に対する両義的とも呼べる態度を表明している。こうした指摘は「歴史の終焉」が容易には現実のものとなり得ないこと、二つの世界の間の角逐が長く続かざるをえないことへの先見性の現れとも解釈される。フクヤマの楽観主義を批判する議論は多くの場合、この側面を切り落としている。

ところで「歴史の終焉」が一つの普遍的制度の浸透による均質性と退屈さでしかイメージされないのは、その核心をなす西欧型政治・経済システム像が甚だ実質的内容を欠いていることに一つの原因があったと考えられる。これに実質を与えなければ、これらのシステムはお題目にしかならない。その意味でフクヤマの議論は歴史的現実との接点を失った、理念のレベルでの抽象論にとどまっていた。しかし、西欧型政治システム（自由民主政）といってもそれは多様な相貌を持ち、経済システム（自由でグローバルな市場経済）もさまざまな変貌を遂げてきた。さらに重要なのはこの両者の関係の展開であって、その関係は「歴史の終焉」を担うはずの国々においても論争の的であった。特に、この関係が全く議論されずに、この二つがあたかも一つのもののように提示され、自明な理念とされたことは「一九八九年の精神」の時代性を示したものと言わざるを得ない。それは冷戦後の新体制建設をめぐる誤解と迷走と無関係でなかったし、「一九八九年の精神」の陳腐化と空洞化をもたらす原因につながったかもしれない。

2　歴史の中の民主政

ちょうど百年前、第一次世界大戦が終わると共に、帝国の時代は終わり、民主化の第一の波が世界を蔽《おお》った。しかし、この民主化は政治的資産を積み上げるよりも前に、イデオロギー対立や深刻な経済危機に見舞われ、脆くも崩れ去った。イデオロギーと結びついた社会的分断は街頭政治の横行と代議制の空洞化を招き、そこでは暴力と象徴の巧みな操作こそが政治家の最も代表的なスキルとされた。ハロルド・ラズウエルの『政治』にはそうした時代状況が刻印されている。この時代の民主政論の特徴は、人民の自己統治や「世論の支配」といった民主政の理念がいかに内在的な脆弱性を抱えているかを明らかにした点にあった。リップマンによれば、新たに政治の舞台に登場した大衆は基本的に自己中心な存在であり、自分の関心事から遠く離れた政治について十分な情報に基づいて合理的な判断をすることは期待できない。仮に十分な時間と余裕があったとしても、彼らがそうすることは期待できない。なぜならば、人間は早い段階で定着したステレオタイプに従って物事を判断するからである。新聞もこのステレオタイプを補強する以上のことはできない。そこから政治指導者はステレオタイプを念頭に選択肢を提示し、その反応を見ながら統治することが可能になる。ここに人民の自己統治という理念の下、政治指導者による大衆支配への道が準備されるというパラドックスが生じる。世論の作り手は実は政治指導者であり、世論の操作はやがて宣伝と暴力の動員へとエスカレートしていく。「世論の支配」は空洞化し、独裁者の支配を飾りたてる道具と化してしまうことになる。この時期の民主政の脆弱性は、人民や世論の支配にこだわるあまり、それを神秘的な実体にしてしまい、対象化・操作化する余裕を持てずに、独裁者による「乗っ取り」を許容したことにあった。

この危機から脱出するためには、人民の意志や一般意思、共通の利益が確固として存在するといった民主政論を根本から見直す必要があった。独裁者による人民の意志の「乗っ取り」が横行する中で、これら民主政を華やかに彩る概念抜きで民主政を把握し直す必要が出てくる。民主政概念を再定義したシュンペーターが、何よりもまず人民の意志や共通の利益といった概念に破壊的批判を加えたのにはこうした必然性がある。そしてこれらの実体化された概念から民主政概念を切り離し、もっぱら手続き的規定として民主政を捉え返すという大転換を成就したのであった。すなわち、「民主主義的方法とは、個々人が人民の投票を獲得するための競争的闘争を行うことにより決定権力を得るような形で、政治的決定に到達する制度的仕組みである」と。ここでの最大の特徴は、複数の政治集団（政党）が票を獲得する競争を行い、それを前提に人民が票を投ずることにあり、その結果、誰が政治において決定を行うべきかが決まる。人民は選択肢を持つが、「人民による政治」は実質的には限りなく「政治家による政治」に接近する。シュンペーターはこの仕組みが作動する一つの条件として「天職として政治に従事する社会階層」の存在に言及しているが、そこにエリート主義の傾向が見られる。そして、人民は公共の利益や一般意思の担い手であるというドグマから解放され、競争の場で示される選択肢の間で選択することにその役割が限定される。そこで重要なのは複数の主体（政党）の活動の自由があらかじめ保証されること、人民を独占的に代表・体現する一党支配を否定し、複数の政党から成る政党システムが存在することである。従って、民主政は政治的競争の保証という自由主義的な枠組みの下で人民が参加する政治的手続きとされたのである。ダールの提起したポリアーキィという概念はこうした議論を受けて民主政をめぐる二〇世紀の混乱に終止符を打つ試みであった。

戦間期の民主政の不安定さと第二次大戦後の西側民主政の安定性とは対照的である。戦間期の不安定の一因は、金本位制を中核とした一九世紀以来の市場主導体制と民主政との間の不調和にあり、この不調和は金本位制の崩壊と市場主導体制の権威の失墜によって終焉し、国家が経済活動の中心的な担い手として登場した。第二次大戦を経て国家による経済運営の主導性は確立し、かつての自由主義の自由放任主義に対して「自由のための計画」（カール・マンハイム）はいわゆる民主主義陣営でも常識化した。ファシズムが打倒され、米ソ冷戦時代に入ると、イデオロギー問題は外交の舞台に外在化され、内政問題の中心は経済問題に移った。そこでは復興需要などに支えられた好況を背景にして、一九世紀型の自由放任主義は自己調整能力を失ったとの前提に立ちながら、国家が計画と規制を駆使して合理的な経済運営を行い、万人の自由の実質化を目指すことが目標として掲げられた。E・H・カーは「新しい社会」の特徴として「競争から計画経済へ」「経済の鞭から福祉国家へ」「個人主義から大衆民主主義へ」の三つをあげているが、そうした目標は「国家によって統制された資本主義」を前提にするものであった。完全雇用や福祉国家の実現などの個別政策がそこから出てくるし、労働者階級の社会への包摂も目標になる。自由放任主義に代表される自由主義に対抗して二〇世紀初頭に登場した新自由主義（アメリカではリベラリズム）がそのイデオロギー的基盤であり、政策面でのその支柱はケインズ主義であった。

この国家主導の経済体制の下、民主政は利益政治へと変貌を遂げていく。そして「イデオロギーの終焉」と階級政治の終わり、広範な社会層からの集票を念頭に置いた包括政党の登場といった一連の変化が五〇年代以降に生じた。それは膨大な数の中産階層を生み出したが、正しく「二〇世紀型体制」と呼ぶにふさわしいものであった。この未曾有の利益政治がもたらした変化には無視できないものがある。第一に、トマ・ピケティその他が指摘したように、第一次世界大戦から七〇年代にかけて、史上類を見ない規模での不平等の是正、所得格差の縮小が起こったことである。二つの大戦と大恐慌が多くの富を破壊したことを考慮に入れるとしても、先に述べたような政策志向が平等化の促進に寄与したことは疑う余地がない。第二に、利益政治は政治の散文化を通してリーダー・大衆関係を大きく変化させた。二〇年代の民主政論は大衆の政治判断の合理性に厳しい疑問を投げかけたが、同時に彼らといえども身近な事柄については合理的な判断力を持っていることを認めていた。一言で言えば、利益政治は政治を身近なものにしたのである。その結果、利益と票との取引が政治のイメージになったことは疑う余地がない。その結果、リーダーによる大衆の操作可能性が低下し、リーダーシップの余地を狭めることになった。その意味で利益政治主導の民主政は神秘的・抽象的メッセージに対して感応度が鈍く、安定度が高いことになる。第三に、この安定度の高さは利益政治に必要な原資が供給されることを前提にしており、経済成長と密接不可分の関係にある。この原資の供給が途絶えると「ない袖は振れぬ」ことになり、一気にその脆弱性が顕在化する。一言で言えば、誤魔化《ごまか》しが効かないのである。その結果、利益政治の行き詰まりと統治能力の危機が訪れる。この危機は石油ショック後のスタグフレーションと経済政策の有効性の後退局面において顕在化し、特に七〇年代の米英において閉塞感が強かった。「ケインズ主義の終焉」が話題になったのもこの頃である。こうして国家によって規制された資本主義体制の是非が問われることになった。

この二〇世紀型体制の綻びは国際関係から始まる。戦後の国際体制はガット・IMF体制とブレトン＝ウッズ体制からなっていたが、このうち後者は米ドルを金にリンクさせると同時に各通貨を固定レートでドルとリンクさせるものであった（一ドル＝三六〇円体制）。各国政府はこの仕組みを維持する責任を負い、それに必要な財政・金融政策を駆使する権限と責任を有することになる。ところがアメリカがベトナム戦争や貿易赤字の増大に苦しみ始め、金とドルの乖離や日西独通貨に対する切り上げ圧力の高まり、遂にはアメリカからの金の流出という形で、国際不均衡が深刻化した。七一年のニクソン・ショックは事実上のブレトン＝ウッズ協定の一方的な空洞化宣言であり、政府がその通貨管理責任を放棄し、市場に委ねる動きが始まった。ここには通貨価値を維持する責任からの政治の解放感と市場の自己調整機能への期待感が混在している。

利益政治の行き詰まりの中で「民主政の過剰」が批判されたが、これは利益政治の自己抑制論につながるものであった。それと共に市場メカニズムの解放による経済成長の更なる実現を唱えるかつての自由主義が台頭してくる。民主政は更なる成長に期待してこの後者の道を選択することになるが、それはサッチャー、レーガン政権の誕生となって現れた。両政権の規制解除と「小さな政府」というそのキャッチフレーズは、利益の分配を政府を通してではなく市場を通して行う体制に切り替えることを意味していた。その成果がいかなるものであるか、サッチャーやレーガンなどが約束したような成果をもたらしたかといった視点が存続している限りにおいて、利益政治の視線はなお執拗に命脈を保っていた。

八〇年代以降、国家の規制権限の解体が進む中で、資本と労働との非対称性はますます顕著になっていった。一時期、大きな注目を集めたコーポラティズムも解体・空洞化し、安定した雇用環境の確保は困難になっていった。グローバル化の中で資本の移動は容易になり、国民経済という概念はかつての存在感を失い、中間層からなる「二〇世紀型体制」は不断に浸食され続けた。また、資本が国を選ぶ中でかつて「二〇世紀型体制」を享受していた国々の特権的地位が維持される保証はなくなった。八〇年代以降、情報テクノロジーの目覚ましい浸透を背景に経済の金融化が進み、各国の民主政はグローバルマネーの大海に漂う船の観を呈し、国債の格付けとその評価に命運を左右される存在となった。政府がカネの流れをコントロールしていた時代は急速に過去のものとなり、金融市場ではデリバティブなどを駆使したハイリスク・ハイリターンの商品が流通し、膨大な報酬を手にする人々が誕生した。それは新しい所得格差を顕在化させ、併せて、金融危機の可能性を高めた。

「一九八九年の精神」はサッチャー・レーガン革命から一〇年後に当たる。それは「二〇世紀型体制」以上に規制と統制によって縛られていた社会主義体制の解体に最後のダメ押しをし、資本主義にとって未踏の沃野を手に入れ、市場の真のグローバル化を実現する宣言であった。実際、安い賃金で働く膨大な数の労働力がこれによって供給されることになった。同時にそれは西側民主政の左翼勢力に対し、有無を言わせぬ選択を迫る意味も持っていた。やがて九〇年代になると、保守的な政権に加えて中道左派の政党も、国家によって規制された資本主義路線を放棄し、市場経済の支配を前提にした独自の政策へと転換した。すなわち、「第三の道」「ニュー・レイバー」「ネオ・リベラル」という形でこの隊列に加わることになる。これに対して官僚制的規制国家であった日本は政治路線の明確な転換を行うことなく、日米摩擦や金融危機などを通してこの転換を追いかけることになる。

「一九八九年の精神」は社会主義体制という牙城をターゲットにしていたが、社会主義体制というある種の利益政治体制の崩壊によって何が帰結したかを同時に見ておく必要がある。社会主義体制は西側の利益政治とはその内実を異にするにせよ、一つの利益政治であったと見ることができる。それが崩壊した場合、その真空を埋めるものは何か。この点で、八九年がそれまで社会主義によって抑圧されてきた民族が冷凍庫から解凍された年であったという見方は無視できない。それは新興民主政の行方にも影を落とすことになるが、「一九八九年の精神」は均質的な世界の実現を企図しつつも意図しない副産物を生み出したことになる。

3　先進民主政と新興民主政の行方

二一世紀冒頭の民主政の姿を概観すれば次のような構図が見てとれる。まず、民主化によって膨大な数の民主政が成立したが、これら新興民主政はほとんど大統領制か半大統領制

（ドイツのワイマール共和国やフランス第五共和制に範をとった議会制と大統領制のハイブリッド型）を採用した。逆に言えば、議会制はほとんど皆無に等しかった。議会制が担い手である政党を必要とし、政党はそれなりの確固とした経済的・社会的基盤を必要とするという連関を考えると、そこではこうした諸条件が整っていなかったことと表裏の関係にある。これに対して古い民主政（先進民主政）では政党の政策面やリーダーの供給機能などにおける重要性は相変わらず広範に受け入れられているが、政党に対する有権者の忠誠度は低下し続け、投票結果におけるヴォラティリティの可能性が高くなってきた。そうした傾向を反映して、政党の組織はボトムアップ型からリーダー中心型へと変貌を遂げつつあった。政党に対する公的助成制度の充実と、政治を取り巻くメディア環境の変化などは、こうした動向と深く結びついていた。

この二つのタイプの民主政の違いを敢えて単純化すれば、それは何よりも政治的多元主義（複数政党制）に対する態度の違いに求められる。新興民主政においては政党の経済的・社会的基盤が脆弱であり、権力を志向する政治家個人と容易に結び付けられることもあって、その政治的役割の正統性に対する認知度が相対的に低い（政治過程における単なる攪乱的要素と見なされやすい）。そのことは政治的自由・寛容など民主政の前提条件についての社会的合意が十分に確立していないことに起因している。それは民主政が統治者の選抜メカニズムとしてのみ利用され、メディアなどに及ぶ権力の止めどもない集中に対する歯止めが弱いことにつながる。そして安定した利益政治の社会的基盤が乏しいことも加わり、ナショナリズムの動員によって異論を封じ込める手法が執られやすい。かくして新興民主政から権威主義的体制への移行は珍しくなくなり、均質性の夢は歴史の逆襲に直面することになる。

先進民主政は「一九八九年の精神」の推進者としての役割を期待されていた。この役割を遺憾なく発揮したのが、冷戦終結後のヨーロッパ統合への野心的な取り組みであった。すなわち、ヨーロッパ統合のウイングを東方に拡大するとともに、統一ドイツをEUに埋め込み、通貨統合などを通して統合の深化に邁進した。それは均質的世界を実現する実験場であった。その意味でヨーロッパは、「一九八九年の精神」の命運と先進民主政の動向を占う主戦場と考えられる。アメリカや日本はグローバリゼーションの洗礼を受けたが、欧州諸国の民主政はそれに加えてEU化（ユーロ化）の洗礼も受けたのであった。冷戦の終結後、世界経済は金融市場に発する幾多の試練に直面したが、先進民主政にとっての最大の危機は二〇〇八年のリーマン・ショックであった。この危機は先進民主政の実態を改めて浮き彫りにし、その一つとしてユーロ危機（ギリシア危機）を生み出し、先進民主政の変容と問題の顕在化の引き金を引いた。

七〇年代に資本主義と民主政との「二〇世紀型体制」を放棄し、サッチャー・レーガン路線に切り替えたのは、人びとが経済の目覚ましい成長と豊かさが実現するというメッセージを信じたからであった。政治を利益政治の枠組みで考えるという姿勢は、「二〇世紀型体制」を越えて続いてきたといえよう。それではグローバリゼーションはどのような経済的成果をもたらしたのか。ブランコ・ミラノヴィッチは、一九八八年から二〇〇八年までの実質所得の累積の伸びに基づいて、有名なエレファントカーブを提起した。その焦点は第一に、世界の所得の中央値付近にある人びとの、顕著な所得上昇にある。中国を中心にしたアジア諸国などの「新興グローバル中間層」がそれである。第二に、「豊かな国の下位中間層」の所得はこの二〇年間ほとんど増加していない。ここに属するのは日本やアメリカ、ヨーロッパの国々の中間層である。すなわち、グローバリゼーションの「最大の勝ち組はアジアの貧困層および中間層で、最大の負け組は豊かな国々の下位中間層」であることになる。第三に、もう一つの勝ち組が「グローバルな超富裕層」であり、彼らの多くは豊かな国の人びとである。従って、豊かな国々では所得の格差が一層広がり、中間層は縮減傾向にある。市場メカニズムを介した利益の分配の効能という新自由主義のメッセージは、先進民主政の中核をなす中間・下位中間層にとってほとんど絵に描いた餅であることが体験学習されたということである。「一九八九年の精神」の死角がここに明らかになる。

リーマン・ショックはそうした彼らに追い討ちをかけた。多くの市民が破産状態に陥る一方で、危機の元凶で高給を食《は》んで来た金融機関救済のために多額の財政負担が強いられた。そこに「われわれは九九%だ」「ウォールストリートを占拠せよ」といった叫びが起こり、さながら一%のために政治が行われているかのような状況に対して民主政の見直し論が台頭する。二〇一六年の米大統領選挙におけるトランプ、サンダースの台頭、特に共和党エスタブリッシュメントの惨敗とヒラリー・クリントンのまさかの敗北は、グローバリゼーション推進勢力の政治的失速を強く印象付けた。欧州ではギリシア危機が発生し、ユーロという共通の通貨を十分な政治的条件の整備なしに導入したツケが一気に表面化した。結果的にそれは財政規律の相次ぐ厳格化の要求となって現れ、各国政府は債権団の意向を実施に移す役割に転落した。公的支出の削減や高い失業率に見られるように、多くの国々において「二〇世紀型体制」は完全に過去のものとなった。ＥＵ自身、もともと「民主主義赤字」という問題を抱えていたこともあって、テクノクラート支配に対する各国民主政の不満が鬱積していった。

その上、遅れてやってきた民主化の波である「アラブの春」が思わぬ副産物を残すことになる。「アラブの春」は独裁政権の打倒に成功しつつも民主化へのスムーズな移行には必ずしも成功せず、シリアに見られるような凄惨な内乱状態をもたらした。打ち続く内乱状態は大量の難民を発生させ、彼らの多くはヨーロッパを目指した。その規模の大きさもあって、難民問題はヨーロッパ社会にあった文化的危機感と排外主義に改めてエネルギーを供給した。さらに、この内乱に乗じてテロリストが「イスラム国」を樹立し、テロ行為を煽動するメッセージを送りつづけ、警戒感を掻き立てた。グローバリゼーションの一要素であるヒトの移動に対する垣根は、福祉排外主義からであれ、思想的反イスラムからであれ、高めるべきであるとする意見が台頭した。ポピュリストはその先頭に立ち、遺憾なくその存在感をアピールした。

水島治郎氏も指摘するように、ポピュリズムという名で語られる政治運動はその実態において多様であり、エリートに対する大衆の抗議・反対運動といってみたところでなにも明らかにならない。具体的な政治的・歴史的文脈が大事な所以《ゆえん》である。先進民主政における現代のポピュリズムは、経済的・文化的グローバリズムを掲げるエリートや既成政党を攻撃目標としていることは間違いがない。また、ＥＵ統合の深化に伴い、各国政府が存在感を喪失し、「民主主義の赤字」も加わって、各国政治の空洞化が進む中でポピュリズムが台頭してくる。彼らはグローバリゼーションの負け組を支持基盤に持ち、既成の政党が無視してきた忘れられた人びとの心情や不満、疑念を政治的に資源化した。この観点から言えば、既成政党が未開拓のままに放置してきた課題領域にウイングを伸ばし、政党政治全体の感応度を高める役割を果したように見える。同時にその目覚ましい躍進によって、政党政治全体のリシャッフルにも貢献した面がある。

しかし、先進民主政のポピュリズムは全体的には受け身である。それというのも彼らはグローバリゼーションの敗者であるにもかかわらず、それに代わる包括的な選択肢を持っているようには見えないからである。もちろん、貿易の自由化を見直して職場を回復するとか、移民の制限によって職場を守るとかいう話題はあるが、それはグローバリゼーションに代替する巨大なシステム転換を見据えたものとは言えず、包括システムに影響を及ぼさない、個別的・例外的措置の主張でしかない。その根底にあるのは、「かつてありし日の豊かな時代」の記憶であり、相対的になお豊かな地域でポピュリズムが台頭したのはここに原因がある。中間層・下層中間層の経済的危機のために立ち上がるのは本来は左翼のテーマであったが、中道左派が事実上グローバル化へと路線転換してしまったために、ポピュリストが国民国家の枠組みを使いながら、こうした人びとの不満の受け皿になっている感がある。実際、労働者階級は中道左派を見捨て、ポピュリストに投票するようになった。フランスの社会党の惨敗と国民戦線の躍進はその一例である。従って、攪乱要素とはなり得ても、ポピュリズムのスタンスは受け身的であることは確かである。かつて二〇世紀の初頭、不平等が極端に進んだ段階で、平準化への口火を切ったのが大戦争であったことはよく知られている。現在のポピュリズムにそうした騒々しさは目下のところ見られない。

アリストテレス以来、民主政の基盤とされてきた中間層は浸食され、先進民主政は変質を余儀なくされている。ミラノヴィッチは、アメリカ型は金権政治（plutocracy）への道を辿り、ヨーロッパはポピュリズムと移民排斥主義への道を辿ると予想する。実際、大陸のポピュリズムは移民・難民問題に精力を集中し、政治文化批判に力点を置いている。言うまでもなくこれはグローバリゼーションの中で進行してきたヒトの移動とダイバーシティの尊重といった動向に対する原則的批判、自らのアイデンティティの再確認とその擁護を目的とする。具体的にはそれは反イスラム論とほとんど不可分である。それは政治的・文化的な同質性の再確認であると共にこの同質性を基盤とした福祉国家の擁護論でもある。従って、そこにはアイデンティティ・ポリティクスと利益政治との重なりが見られようが、ここでもポピュリストは受け身的・防衛的スタンスによって支持を集めている。しかし、その反イスラム的スタンスは明確であるとして、その同質性の範囲をどのように設定するか、既に存在する膨大な非同質的な人びとをどう扱うのかなど、議論の種は尽きることがない。いずれにせよ、ポピュリズムは「一九八九年の精神」の中から誕生した、厄介な受け身的敵対者であり続けることは間違いがない。

ポピュリズムの台頭とともに、政治全体の軸が利益政治からアイデンティティ・ポリティクスに移行した可能性は否定できない。利益政治には原資が必要で、コストの話をしなければばならない。これに対してアイデンティティ・ポリティクスの動員にはそうした原資は不要であり、そのコストはもっぱら後払いになる。利益政治に展望を失い、アイデンティティ・ポリティクスに活路を見出すことは、成功しなければともかく、成功すればその扱いには大きなコストが待ち構えている（コストによる事前のブレーキがかかりにくいので）。従って、ポピュリズムの今後の動向と展開を見据える必要がある。

ヤン＝ヴェルナー・ミュラーは『ポピュリズムとは何か』において、それをアイデンティティ・ポリティクスの一形態とし、自らと人民とを一体視し、残りの者たちを人民の一部では全くない者として退けるものであり、従って、ポピュリストは非エリート主義者であると共に反多元主義者（antipluralist）であるとした。いわゆるポピュリストがすべてこの定義に当てはまるわけではないとしても、アイデンティティ・ポリティクスには行きつくところ、そうした可能性があることは見逃せない。シュンペーターやダールが人民概念を換骨奪胎し、政治的競争と参加の二つの軸によって民主政を組み替えたという先の議論を思い出すならば、特定のリーダーが自らと人民とを完全に一体視し、反対者を人民概念の外に放逐するような議論は、それ以前の状態に戻ることに他ならない。また、先進民主政におけるポピュリズムと新興民主政における独裁的体制との間に親近性がないかどうか、前者が多元主義の枠組みにどれだけ忠実であり続けられるのか、これからの動向から目が離せない。

「一九八九年の精神」は西欧型政治経済システムの絶大な権威によって、世界の均質化と平和の実現を目指す構想であった。その意味では内政に劣らず重要なのは国際関係やグローバル・ガバナンスの観点からの考察である。ポピュリズムの台頭によって国際関係は大小さまざまな緊張関係にさらされるようになり、その政治的処理能力の低下が同時に進行する可能性が高い。その結果として緊張関係を促進する政治力学と抑制する力学とがバランスを失い、前者がますます加速し、危機の連鎖が世界的な大惨事につながるのを恐れるのは杞憂であろうか。「一九八九年の精神」がその理念を維持しようとするならば、自らの再検討を含め、次なるヴァージョンが必要である。その第一ヴァージョンの時代は終わったのである。

【参考文献】
水島治郎（2016）『ポピュリズムとは何か』中央公論新社
ヤン＝ヴェルナー・ミュラー（2017）『ポピュリズムとは何か』岩波書店
トマ・ピケティ（2014）『21世紀の資本』みすず書房
ブランコ・ミラノヴィッチ（2017）『大不平等』みすず書房
尾上修悟（2017）『ギリシャ危機と揺らぐ欧州民主主義』明石書店
尾上修悟（2018）『BREXIT』明石書店
ジョセフ・スティグリッツ（2015）『世界に分断と対立を撒き散らす経済の罠』徳間書店
ジョセフ・スティグリッツ（2016）『ユーロから始まる世界経済の大崩壊』徳間書店
ジェニファー・ウェルシュ（2017）『歴史の逆襲』朝日新聞出版

ジャック・アタリ（２０１７）『２０３０年　ジャック・アタリの未来予測』プレジデント社
佐々木毅（２００６）『政治学は何を考えてきたか』筑摩書房

あとがき

本書は、「日本アカデメイア」と私を代表者とする研究会（科研費基盤研究（A）（一般）日本の議院内閣制統治の構造）との共催によるシンポジウム「先進民主政はどこへ向かうのか？」（二〇一七年一二月一六日実施）を基にしている。全体は、最終章を除き、当日の報告者にその後の推移などを含め、加筆していただいた各章で構成されている。シンポジウムは盛況であったが、これもひとえに報告やコメントをお引き受け下さった「日本アカデメイア」のメンバーや研究会のメンバーのご協力の賜物である。ここに改めて謝意を表する次第である。また、「日本アカデメイア」事務局の献身的なご協力なくしては、こうした形で研究会の成果を広く世に問うことはできなかったと思われる。今回の試みが新たなコラボレーションの先例になれば幸いである。

なお最終章はこのシンポジウムを受けての編者なりの整理をスケッチした

ものであり、民主政の変容を理解するためのささやかな補助線になれば幸いである。

最後に書籍という形でシンポジウムを後世に残すのに尽力して下さった石島裕之氏に対して厚く御礼を申し上げたい。

二〇一八年五月五日

佐々木 毅

待鳥聡史（まちどり・さとし）　1971年生まれ。京都大学大学院法学研究科教授。政治学・アメリカ政治を専攻。著書に『政党システムと政党組織』（東京大学出版会）、『代議制民主主義』（中公新書）、『アメリカ大統領制の現在』（NHKブックス）等。

水島治郎（みずしま・じろう）　1967年生まれ。千葉大学大学院社会科学研究院教授。比較政治・ヨーロッパ政治史・オランダ政治を専攻。著書に『反転する福祉国家』（岩波書店）、『ポピュリズムとは何か』（中公新書）、共著に『保守の比較政治学』（岩波書店）等。

安井宏樹（やすい・ひろき）　1971年生まれ。神戸大学大学院法学研究科教授。政治学・ヨーロッパ政治史・ドイツ政治を専攻。共著に『政権交代と民主主義』（東京大学出版会）、『21世紀デモクラシーの課題』（吉田書店）等。

【執筆者紹介】（50音順、編者は奥付を参照）

飯尾 潤（いいお・じゅん） 1962年生まれ。政策研究大学院大学教授。政治学・現代日本政治論を専攻。著書に『民営化の政治過程』（東京大学出版会）、『日本の統治構造』（中公新書）、『現代日本の政策体系』（ちくま新書）等。

池本大輔（いけもと・だいすけ） 1974年生まれ。明治学院大学法学部教授。政治学・ヨーロッパ国際関係史・イギリス政治を専攻。著書に『ヨーロッパ通貨統合史1970-79年：イギリスとフランスの経験（英文：パルグレーブ・マクミラン）』。

伊藤 武（いとう・たけし） 1971年生まれ。東京大学大学院総合文化研究科准教授。比較政治学・ヨーロッパ政治・イタリア政治を専攻。著書に『イタリア現代史』（中公新書）、共著に『保守の比較政治学』（岩波書店）等。

小林慶一郎（こばやし・けいいちろう） 1966年生まれ。慶應義塾大学経済学部教授。マクロ経済学・経済動学を専攻。著書に『日本経済の罠』（共著、日本経済新聞社）、『逃避の代償』（日本経済新聞社）『財政と民主主義』（共著、日本経済新聞出版社）等。

阪野智一（さかの・ともかず） 1956年生まれ。神戸大学大学院国際文化学研究科教授。比較政治学・イギリス政治を専攻。共著に『ブレアのイラク戦争』（朝日選書）、『現代イギリス政治』（成文堂）、『刷新する保守』（弘文堂）等。

谷口将紀（たにぐち・まさき） 1970年生まれ。東京大学大学院法学政治学研究科教授。政治学・現代日本政治論を専攻。著書に『現代日本の選挙政治』『政治とマスメディア』（以上、東京大学出版会）、『政党支持の理論』（岩波書店）等。

野中尚人（のなか・なおと） 1958年まれ。学習院大学法学部教授。比較政治学・日本政治・フランス政治を専攻。著書に『自民党政権下の政治エリート』（東京大学出版会）、『自民党政治の終わり』（ちくま新書）、『さらばガラパゴス政治』（日本経済新聞出版社）等。

佐々木 毅（ささき・たけし）

一九四二年、秋田県生まれ。東京大学法学部卒業。東京大学教授、東京大学総長等を経て、日本学士院会員・東京大学名誉教授。博士（法学）。政治学・西洋政治思想史を専攻。著書に『マキアヴェッリの政治思想』（岩波書店）、『いま政治になにが可能か』（中公新書、吉野作造賞）、『政治に何ができるか』（講談社、東畑記念賞）、『プラトンの呪縛』（講談社、和辻哲郎文化賞、読売論壇賞）、『政治学講義』（東京大学出版会）、『政治学は何を考えてきたか』（筑摩書房）、『政治の精神』（岩波新書）など多数。

筑摩選書 0162

民主政《みんしゅせい》とポピュリズム　ヨーロッパ・アメリカ・日本《にほん》の比較政治学《ひかくせいじがく》

二〇一八年六月一五日　初版第一刷発行

編著者　佐々木《ささき》 毅《たけし》

発行者　山野浩一

発行所　株式会社筑摩書房
東京都台東区蔵前二-五-三　郵便番号 一一一-八七五五
振替　〇〇一六〇-八-四一二三

装幀者　神田昇和

印刷 製本　中央精版印刷株式会社

乱丁・落丁本の場合は左記宛にご送付ください。

送料小社負担でお取り替えいたします。

ご注文、お問い合わせも左記へお願いいたします。

筑摩書房サービスセンター
さいたま市北区櫛引町二-六〇四　〒三三一-八五〇七　電話 〇四八-六五一-〇〇五三

 ISBN978-4-480-01668-3 C0331

筑摩選書
0040

100のモノが語る世界の歴史1
文明の誕生

N・マクレガー
東郷えりか 訳

大英博物館が所蔵する古今東西の名品を精選。遺されたモノに刻まれた人類の記憶を読み解き、今日までの文明の歩みを辿る。新たな世界史へ挑む壮大なプロジェクト。

筑摩選書
0041

100のモノが語る世界の歴史2
帝国の興亡

N・マクレガー
東郷えりか 訳

紀元前後、人類は帝国の時代を迎える。多くの文明が姿を消し、遺された物だけが声なき者らの声を伝える——。大英博物館とＢＢＣによる世界史プロジェクト第２巻。

筑摩選書
0042

100のモノが語る世界の歴史3
近代への道

N・マクレガー
東郷えりか 訳

すべての大陸が出会い、発展と数々の悲劇の末にわれわれ人類がたどりついた「近代」とは何だったのか——。大英博物館とＢＢＣによる世界史プロジェクト完結篇。

筑摩選書
0043

悪の哲学
中国哲学の想像力

中島隆博

孔子や孟子、荘子など中国の思想家たちは「悪」について、どのように考えてきたのか。現代にも通じるこの問題と格闘した先人の思考を、斬新な視座から読み解く。

筑摩選書
0054

世界正義論

井上達夫

超大国による「正義」の濫用、世界的な規模で広がりゆく貧富の格差……。こうした中にあって「グローバルな正義」の可能性を原理的に追究する政治哲学の書。

筑摩選書
0059

放射能問題に立ち向かう哲学

一ノ瀬正樹

放射能問題は人間本性を照らし出す。本書では、理性を脅かし信念対立に陥りがちな問題を哲学的思考法で問い詰め、混沌とした事態を収拾するための糸口を模索する。

筑摩選書 0060

近代という教養
文学が背負った課題

石原千秋

日本の文学にとって近代とは何だったのか？ 文学が背負わされた重い課題を捉えなおし、現在にも生きる「教養」の源泉を、時代との格闘の跡にたどる。

筑摩選書 0065

プライドの社会学
自己をデザインする夢

奥井智之

我々が抱く「プライド」とは、すぐれて社会的な事象なのではないか。「理想の自己」をデザインするとは何を意味するのか。10の主題を通して迫る。

筑摩選書 0070

社会心理学講義
〈閉ざされた社会〉と〈開かれた社会〉

小坂井敏晶

社会心理学とはどのような学問なのか。本書では、社会を支える「同一性と変化」の原理を軸にこの学の発想と意義を伝える。人間理解への示唆に満ちた渾身の講義。

筑摩選書 0071

一神教の起源
旧約聖書の「神」はどこから来たのか

山我哲雄

ヤハウェのみを神とし、他の神を否定する唯一神観。この観念が、古代イスラエルにおいていかにして生じたのかを、信仰上の「革命」として鮮やかに描き出す。

筑摩選書 0072

愛国・革命・民主
日本史から世界を考える

三谷 博

近代世界に類を見ない大革命、明治維新はどうして可能だったのか。その歴史的経験から、時空を超える普遍的英知を探り、それを補助線に世界の「いま」を理解する。

筑摩選書 0076

民主主義のつくり方

宇野重規

民主主義への不信が募る現代日本。より身近で使い勝手のよいものへと転換するには何が必要なのか。〈プラグマティズム〉型民主主義に可能性を見出す希望の書！

筑摩選書 0078

紅白歌合戦と日本人

太田省一

誰もが認める国民的番組、紅白歌合戦。今なお40％台の視聴率を誇るこの番組の変遷を、興味深い逸話を交えつつ論じ、日本人とは何かを浮き彫りにする渾身作！

筑摩選書 0087

自由か、さもなくば幸福か？

二一世紀の〈あり得べき社会〉を問う

大屋雄裕

二〇世紀の苦闘と幻滅を経て、私たちの社会はどこへ向かおうとしているのか？　一九世紀以降の「統制のモード」の変容を追い、可能な未来像を描出した衝撃作！

筑摩選書 0099

明治の「性典」を作った男

謎の医学者・千葉繁を追う

赤川 学

『解体新書』の生殖器版とも言い得る『造化機論』四部作。明治期の一大ベストセラーとなったこの訳書を手掛けた謎の医学者・千葉繁の生涯とその時代を描く。

筑摩選書 0104

映画とは何か

フランス映画思想史

三浦哲哉

映画を見て感動するわれわれのまなざしとは何なのか。本書はフランス映画における〈自動性の美学〉にその答えを求める。映画の力を再発見させる画期的思想史。

筑摩選書 0106

現象学という思考

〈自明なもの〉の知へ

田口茂

日常における〈自明なもの〉を精査し、我々の経験の構造を浮き彫りにする営為――現象学。その尽きせぬ魅力と射程を粘り強い思考とともに伝える新しい入門書。

筑摩選書 0108

希望の思想 プラグマティズム入門

大賀祐樹

暫定的で可謬的な「正しさ」を肯定し、誰もが共生できる社会構想を切り拓くプラグマティズム。デューイ、ローティらの軌跡を辿り直し、現代的意義を明らかにする。

筑摩選書 0109

法哲学講義

森村 進

法哲学とは、法と法学の諸問題を根本的・原理的レベルから考察する学問である。多領域と交錯するこの学を、第一人者が法概念論を中心に解説。全法学徒必読の書。

筑摩選書 0111

柄谷行人論
〈他者〉のゆくえ

小林敏明

犀利な文芸批評から始まり、やがて共同体間の「交換」を問うに至った思想家・柄谷行人。その中心にあるものは何か。今はじめて思想の全貌が解き明かされる。

筑摩選書 0119

民を殺す国・日本
足尾鉱毒事件からフクシマへ

大庭 健

フクシマも足尾鉱毒事件も、この国の「構造的な無責任」体制＝国家教によってもたらされた——。その乗り越えには何が必要なのか。倫理学者による迫真の書！

筑摩選書 0127

分断社会を終わらせる
「だれもが受益者」という財政戦略

井手英策 古市将人
宮崎雅人

所得・世代・性別・地域間の対立が激化し、分断化が進む現代日本。なぜか？ どうすればいいのか？ 「救済」から「必要」へと政治理念の変革を訴える希望の書。

筑摩選書 0130

これからのマルクス経済学入門

松尾 匡
橋本貴彦

マルクスは資本主義経済をどう捉えていたのか？ マルクス経済学の基礎的概念を検討し、「投下労働価値」がその可能性の中心にあることを明確にした画期的な書！

筑摩選書 0133

憲法9条とわれらが日本
未来世代へ手渡す

大澤真幸 編

憲法九条を徹底して考え、戦後日本を鋭く問う。社会学者の編著者が、強靭な思索者たる井上達夫、加藤典洋、中島岳志の諸氏とともに、「これから」を提言する！